소프트웨어 개발자를 위한

MariaDB 스타터

저자 문기준

머리말

정보화 사회라는 말에서 보듯이 '정보'가 곧 자원이고 힘인 세상이다. 그만큼 정보를 운영하고 관리하는 능력은 모든 IT 종사자에게 필수라고 해도 과언이 아니다. 컴퓨터가 단순한 계산기의 수준을 넘어 정보를 가공하고 전달하는 장치, 소통의 장치로 발전하고 있는 현대사회에서 IT 분야에 종사하는 사람이라면 누구나 정보를 관리하는 핵심도구인 데이터베이스에 대한 최소한의 지식을 가지고 있어야 한다. 일반적인 소프트웨어 개발자라 할지라도 기본적인 DB를 설계하고 자료를 입출력할 줄 알아야 하며, 더 나아가 DB 관리자와의 협업이 가능해야 하기 때문이다. 하지만 이를 위해 전문적인 DB 관리자 수준까지 공부해야 할까? 물론 그럴 수 있다면 좋겠지만, 이것은 가능, 불가능을 떠나 효율적이지 않다. 그런데도 시중에 나와 있는 대부분의 데이터베이스 관련 도서는 너무 많은 내용을, 너무 깊게 다루고 있다. 마치 DB 전문가를 위한 책처럼. 바로 이런 이유에서 본서를 쓰게 되었다.

데이터베이스를 처음 공부하는 학생에게는 가장 기본적인 지식을 제공하고, 소프트웨어 개발자에게는 데이터베이스의 구조와 작동원리를 일주일 내외로 익혀 현장에서 바로 응용할 수 있도록 해주는 최소한의 레퍼런스북이 필요하다고 생각했기 때문이다.
따라서 본서는 용어의 사용을 최소화하는 대신 직접 DB와 테이블을 만들고, 그 안에 자료를 넣고 빼는 과정을 따라 하면서 자연스럽게 데이터베이스의 개념과 활용 능력을 키울 수 있도록 구성하고 있다.

아무쪼록 본서가 여러분에게 작은 도움이 될 수 있기를 바라 마지않는다.

2020년 여름, 저자 문기준

목차

1. 데이터베이스와 SQL의 이해

1-1. 데이터베이스(database)란?

데이터베이스(database, 이하 DB)는 접근과 관리가 쉽도록 조직화한 데이터의 집합을 말하며, 이러한 DB는 정보를 저장하는 테이블(table)로 구성된다. 예를 들어, 여러분이 인스타그램이나 페이스북 같은 웹서비스를 만든다면 사용자 정보, 그리고 해당 사용자가 올린 콘텐츠와 이에 달리는 댓글을 관리할 필요가 있을 것이고, 각각의 데이터는 저마다의 테이블 안에 저장될 것이다. 그리고 이 테이블들의 집합이 하나의 DB로 관리되는 것이다.

데이터베이스 (database)

Users | Contents | Comments

table_1 | table_2 | table_3

각각의 테이블은 열(column)과 행(row)으로 구성되는데, 이 중 데이터를 저장하는 공간을 필드(field)라고 부르며, 하나의 행(row)에 저장된 데이터의 집합을 레코드(record)라고 부른다. 여러분이 마이크로소프트사의 엑셀에서 볼 수 있는 문서 형태를 떠올리면 되겠다. 여러분이 어떤 웹서비스를 만든다면 사용자 정보를 관리하는 테이블을 다음과 같이 만들 수도 있다.

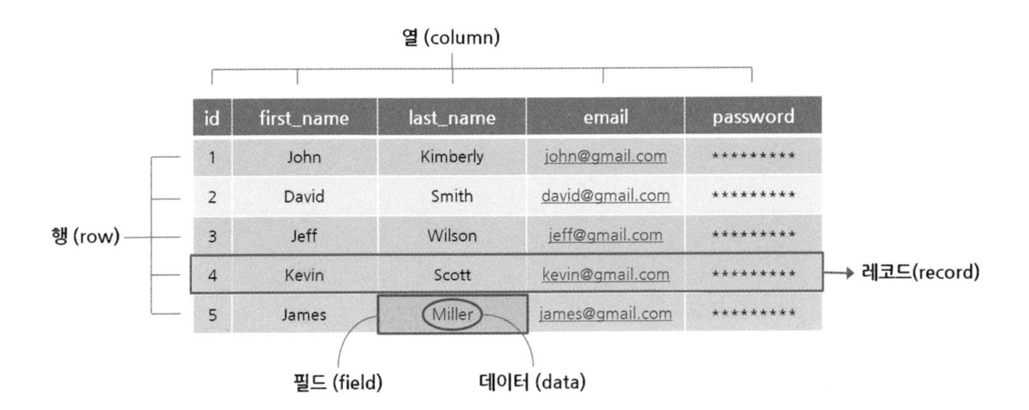

id	first_name	last_name	email	password
1	John	Kimberly	john@gmail.com	*********
2	David	Smith	david@gmail.com	*********
3	Jeff	Wilson	jeff@gmail.com	*********
4	Kevin	Scott	kevin@gmail.com	*********
5	James	Miller	james@gmail.com	*********

DB 용어 정리 1

위에서 보는 것처럼 필드는 데이터를 담는 '그릇'이다. 필드는 그릇이고 데이터는 내용물이라고 생각할 수 있다. 그리고 레코드(record)는 하나의 행(row)에 걸쳐 존재하는 모든 데이터를 묶어서 부르는 이름이다.

1-2. SQL(Structured Query Language)이란?

SQL('씨퀄', 혹은 '에스큐엘'이라고 부름)은 DB에 접근하고 이를 조작하는 데 사용되는 언어다. 시중에는 MariaDB 이외에도 MySQL, SQL Server, Access, Oracle, Sybase, Informix, Postgres 등 다양한 종류가 나와 있고, 서로 간의 강점과 약점이 존재하지만, SQL은 기본적으로 ANSI(American National Standards Institute) 표준과 ISO(the International Organization for Standardization) 표준을 따르고 있기 때문에 기본적인 명령어 체계에는 큰 차이가 없다. 특히 MariaDB는 시장에서 가장 폭넓게 사용되는 MySQL에서 파생한 만큼 거의 모든 면에서 MySQL과 동일하게 작동한다고 생각해도 된다.
또한 SQL은 관계형 데이터베이스와 비관계형 데이터베이스(NoSQL)로 나뉘는데, 본서에서 다루고 있는 MariaDB는 관계형 데이터베이스에 속하게 된다. 관계형이든, 비관계형이든 SQL은 다음과 같은 작업을 수행한다.

- 새로운 데이터베이스를 생성할 수 있고, 삭제할 수 있다.
- 데이터베이스에 자료를 삽입, 삭제할 수 있다.
- 데이터베이스 안에 새로운 테이블을 생성하고 삭제할 수 있다.
- 데이터베이스에서 자료를 검색, 추출할 수 있다.

2. MariaDB 설치

본서는 여러분이 윈도우 운영체제 위에 설치된 MariaDB 서버에 접근할 수 있고, HeidiSQL을 사용한다는 전제로 설명하고 있다. 따라서 본서를 공부하기 전에 MariaDB 서버와 HeidiSQL을 여러분의 컴퓨터에 설치하도록 하자.

MariaDB는 아래 링크를 통해 내려받을 수 있다.
http://mariadb.org/

MariaDB는 MySQL의 최초 개발자 중 한 명인 울프 마이클 위데니우스(Ulf Michael Widenius)에 의해 개발된 관계형 데이터베이스 관리 시스템(Relational Database Management System: RDBMS)이다. MySQL과의 호환성을 최대한 유지하면서 GPL(General Public License)에 따라 무료로 배포되는 오픈소스 소프트웨어다. 오라클사가 인수한 MySQL과 달리 상업적인 사용에서도 무료라는 강점을 가진다. 이는 본서에서 MariaDB를 선택하고 있는 가장 중요한 이유이기도 하다.

MariaDB.org에서 직접 내려받은 경우 HeidiSQL(하이디SQL)이 함께 제공된다.

내려받은 파일을 실행하면 다음과 같은 화면을 만나게 된다. MariaDB의 설치는 다른 어떤 SQL 서버의 설치보다 쉽고 간단하다.

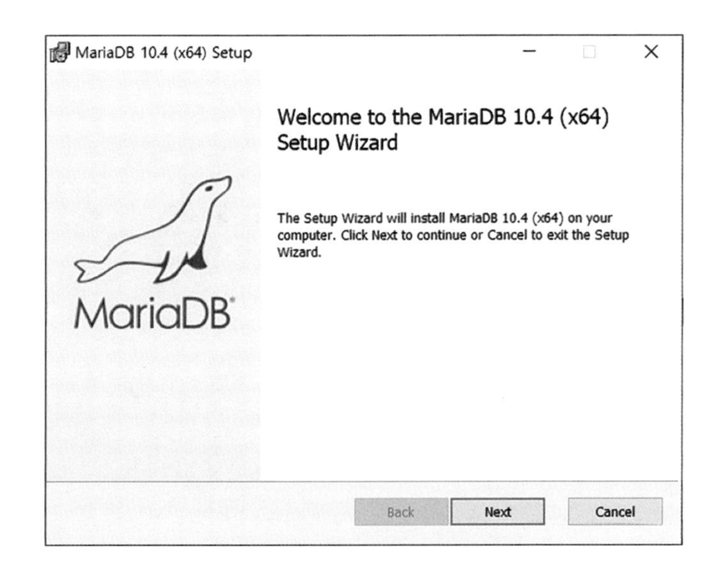

다음 화면을 통해 설치할 컴포넌트를 선택할 수 있다. 이때 반드시 HeidiSQL을 함께 선택하자.

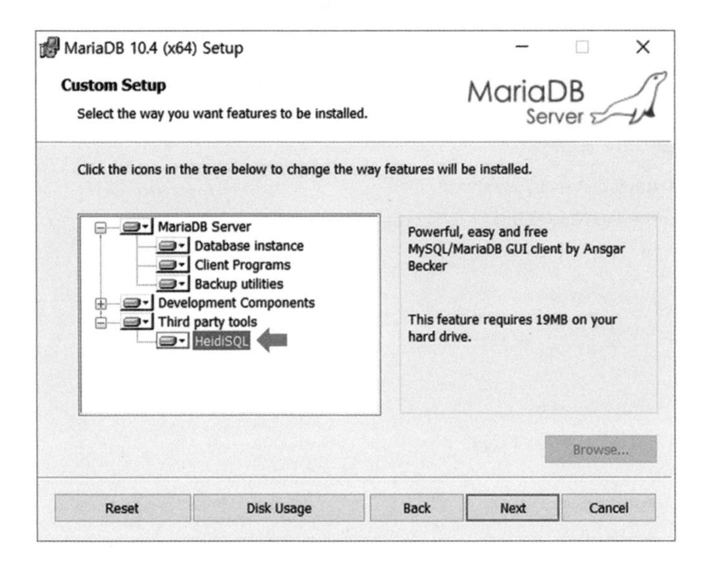

다음 화면에서는 최고 관리자(root)의 암호를 설정해주게 된다. 여기서 정한 암호를 이용해 MariaDB에 접속하게 되므로 반드시 기억해야 한다. 중간에 있는 Enable access from remote machines for 'root'는 외부에서 최고 관리자(root)로 데이터베이스에 접근할 수 있도록 허용할 것인지 묻는 것인데, 이 부분은 특별한 이유가 없는 한 허용하지 않아야 한다. 최고 관리자 권한으로 외부에서 접근하도록 하는 경우 해킹 등 보안에 취약해질 수 있기 때문이다. 하지만 하단의 Use UTF8 as default server's character set는 반드시 선택하자. 이를 통해 한국어뿐만 아니라 다양한 언어를 여러분의 DB에서 사용할 수 있게 될 것이다.

다음 화면에서 자신만의 데이터베이스 이름을 자유롭게 정해줄 수 있다. TCP 포트는 컴퓨터와 데이터베이스 서버 사이의 상호작용을 위한 통로를 말한다. 초기값은 '3306'이지만, 원한다면 다른 포트를 지정해줄 수도 있다. 사용 가능한 범위는 '1024'부터 '49151'까지다.

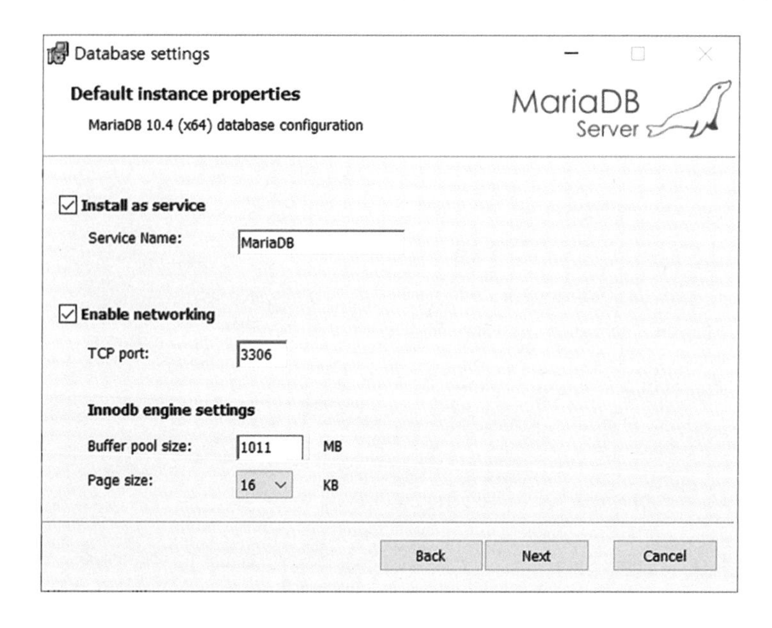

마지막 화면은 MariaDB 개발팀에 여러분의 DB 운영 정보를 보여줄지 정하는 것이다. MariaDB의 지속적인 개발을 목적으로 하는 것이기 때문에 허용해주는 것이 좋지만, 원치 않는다면 선택하지 않아도 된다.

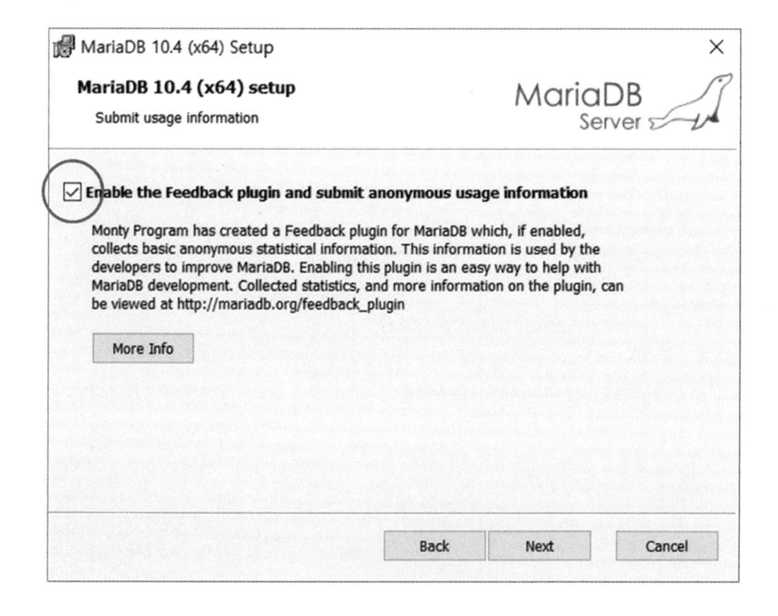

모든 준비가 끝났다. 다음 화면에서 〈install〉을 누르면 설치를 시작할 것이다.

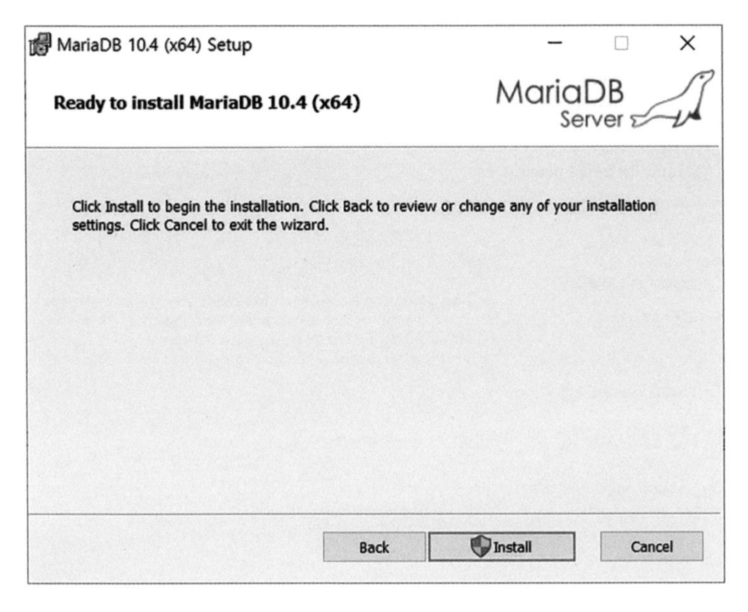

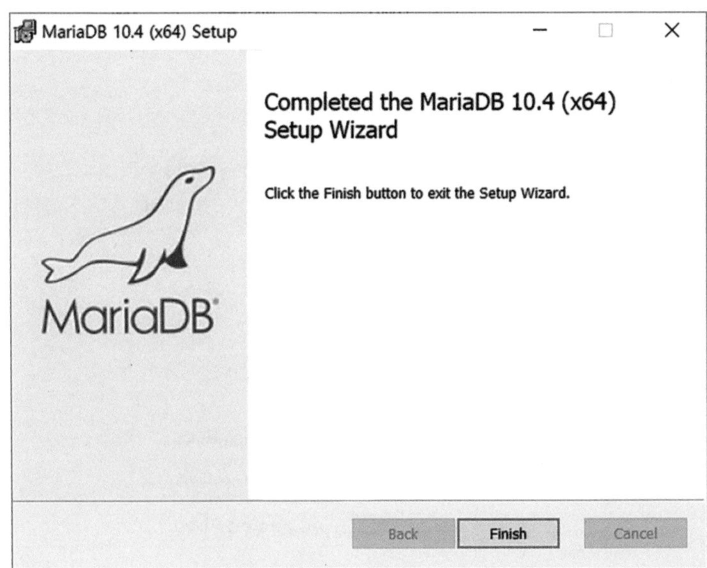

축하한다. 이제 설치가 마무리되었고, 여러분은 HeidiSQL을 이용해서 MariaDB를 운영할 수 있게 되었다.

3. HeidiSQL을 통한 MariaDB 접근

먼저 하이디SQL(HeidiSQL)을 실행시키도록 하자. 그러면 다음과 같이 '세션 관리자' 화면이 나타나게 될 것이다.

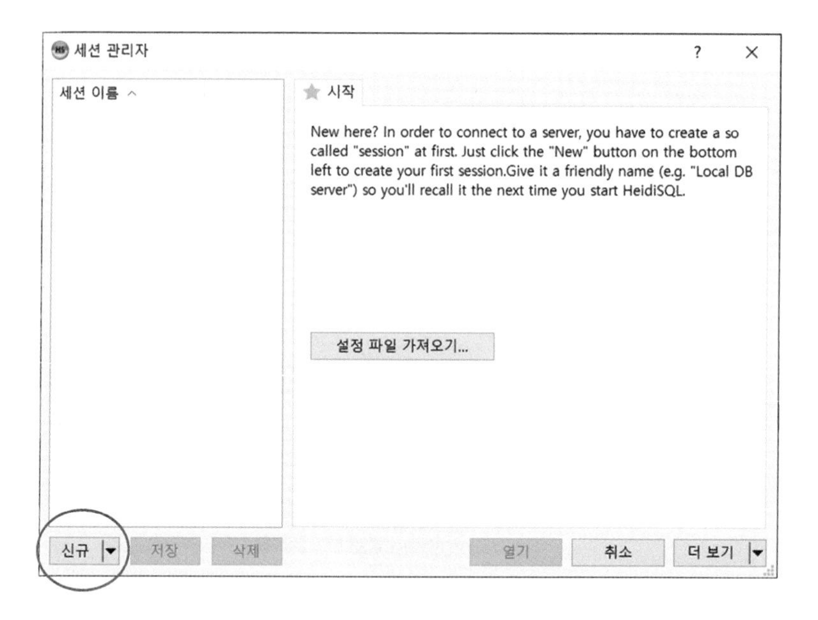

여기서 왼쪽 아래의 〈신규〉 버튼을 클릭한 뒤 〈루트 폴더에 세션 생성〉을 선택하도록 하자.

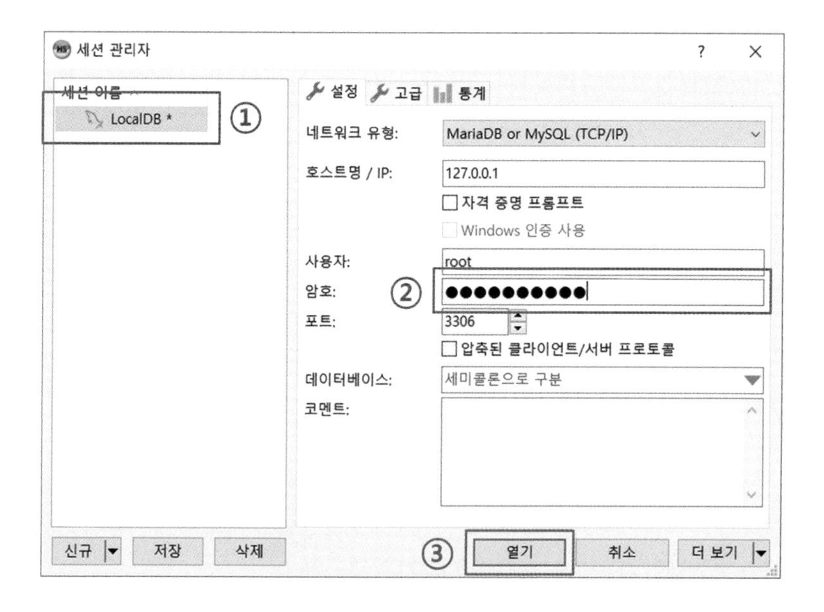

그리고 나타나는 화면의 왼쪽 위에 원하는 세션의 이름을 정해주자. 본서에서는 'LocalDB'라는 이름을 지어주었다. 그리고 오른쪽 상자에는 처음 설치할 때 정해준 최고 관리자(root)의 암호를 적어주면 된다. 그러고 나서 〈열기〉 버튼을 클릭하면 HeidiSQL을 실행할 수 있다.

DB 용어 정리 2

SQL에서 '세션(session)'이란, 한 명의 사용자와 하나의 SQL 서버를 이어주는 일종의 연결통로다. 즉, 각각의 세션은 자신만의 고유한 정보를 가지게 되는데, 이 정보는 어느 사용자가 어느 데이터베이스에 접근하는 통로인지 기억한다.

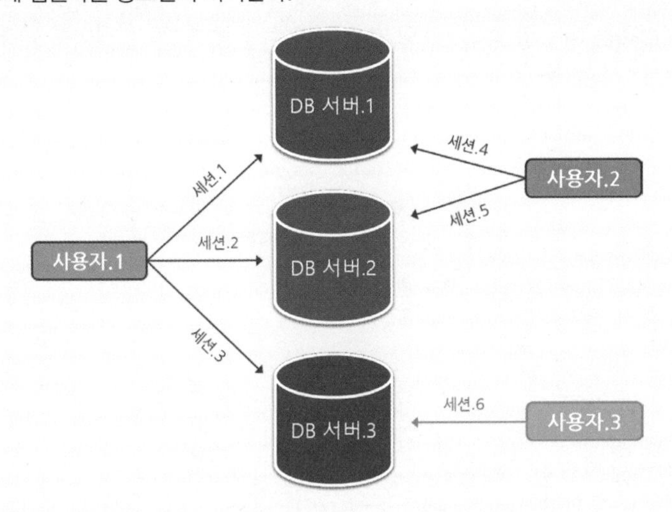

HeidiSQL을 시작하면 다음과 같은 화면을 볼 수 있는데, 데이터베이스 조작을 위한 모든 SQL 질의어(query)는 '쿼리 상자'에 입력하게 되며, 입력한 질의어는 상단의 ▶ 버튼 혹은 키보드에서 [F9]를 눌러서 실행할 수 있다.

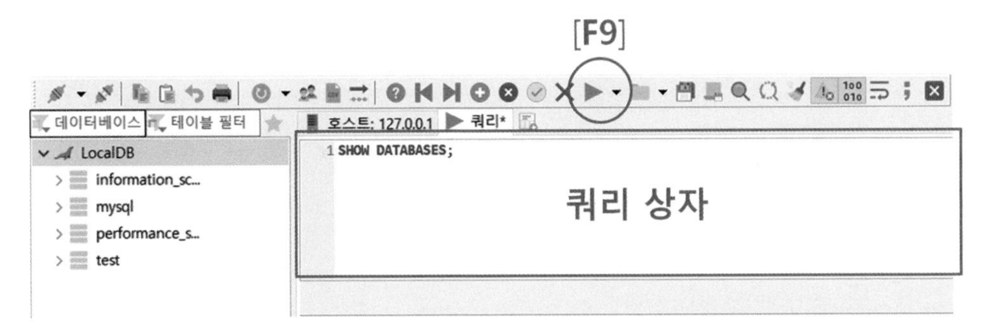

본서는 HeidiSQL 사용법을 다룰 목적이 아닌 MariaDB를 설명하는 책이므로, HeidiSQL은 도구로만 사용할 뿐 자세한 사용법에 대해서는 다루지 않을 것이다.

4. SQL 질의어 - 기본

SQL에서 사용되는 명령어는 '질의어(query)'라고 부른다. 데이터베이스에 저장된 데이터는 질의어를 통해 조작 및 관리된다. 자, 그럼 가장 기본적인 질의어부터 하나씩 살펴보도록 하자.

4-1. SHOW DATABASES

하나의 DB 서버에는 다수의 독립된 DB가 존재할 수 있는데, 이 질의어를 통해 DB 서버 안에 존재하는 모든 DB를 볼 수 있다.

```
show databases;
```

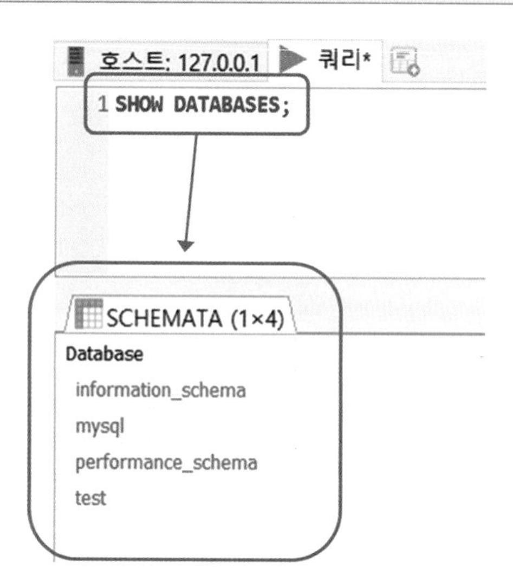

위에서 볼 수 있듯이, MariaDB를 설치하면 기본적으로 네 개의 DB가 설치되는 것을 알 수 있다. 이 중 test DB는 삭제할 수 있지만, 다른 DB들은 MariaDB 서버의 운영에 관련한 것이기 때문에 삭제하면 안 된다.

SQL의 모든 명령어는

1. 대소문자를 구별하지 않는다.
2. 세미콜론으로 끝내는 것을 원칙으로 한다.

한 줄 혹은 마지막 질의어의 경우 세미콜론을 붙이지 않아도 작동하는데, 이는 좋지 못한 습관이다. 한 줄짜리 질의어의 끝에도 반드시 세미콜론(;)을 붙이도록 하자.

DB 용어 정리 3

SQL에서 사용되는 모든 명령어는 '질의어' 혹은 '쿼리(query)'라고 부른다. 하지만 각각의 질의어가 수행하는 역할에 따라 다음과 같이 다시 분류하기도 한다.

1. Main Command = 질의어(query)
2. 질의어의 하위 개념으로 데이터값 반환에 조건을 부여하는 경우 = 키워드(keyword)
3. 키워드의 하위 개념으로 데이터값을 비교 대조 조작하는 경우 = 연산자(operator)
4. 파라미터를 사용하여 데이터값에 연산을 가하는 경우 = 함수(function)

4-2. CREATE DATABASE 〈데이터베이스 이름〉

그럼 이제 여러분만의 DB를 만들어 보자.

```
create database myDB;
```

위의 질의문을 실행하면 'mydb'라는 이름의 DB가 생성될 것이다.

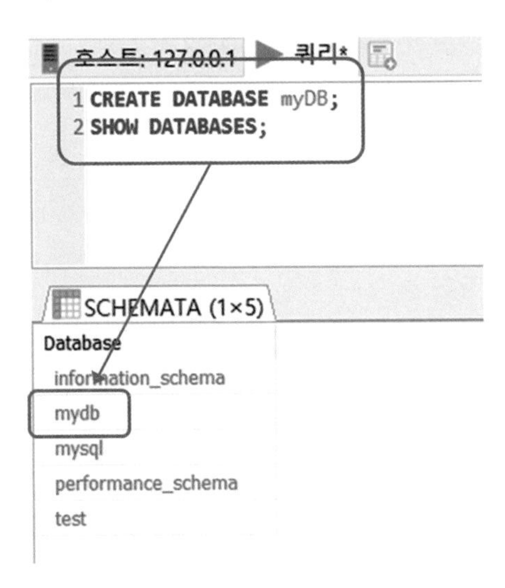

데이터베이스를 모두 볼 때 사용하는 SHOW DATABASES의 경우 복수형 'DATABASES'인 데 비해, 새로운 데이터베이스를 생성하는 질의어 CREATE DATABASE의 경우 단수형인 'DATABASE'를 사용한다는 점에 주의하자.

4-3. USE 〈데이터베이스 이름〉

데이터베이스 서버 안에는 하나의 DB만 존재할 수 있는 게 아니다. 수많은 DB를 생성, 관리할 수 있으므로, 사용자가 입력한 질의어가 어느 DB의 조작을 위한 것인지 명확하게 해줄 필요가 있다. 이를 위해 사용하는 것이 바로 'USE'다.

```
use mydb;
```

위의 질의문은 'myDB'라는 이름을 가진 DB에 접근하겠다고 선언하고 있다. 한번 USE가 사용되면, 이후에 사용하는 모든 질의어는 USE에 의해 지정된 DB에만 영향을 미치게 된다. USE에 의해 호출된 DB는 USE에 의해 또 다른 DB가 호출되거나, 프로그램 자체를 종료할 때까지 유지된다.

4-4. CREATE TABLE 〈테이블 이름〉

앞에서도 설명했듯이 DB는 테이블에 의해 관리되며, 모든 정보는 테이블 안에 존재하는 필드(field)에 저장된다. 단, 각각의 필드에 어떤 종류의 자료를 저장할 것인지에 대해서는 미리 정의해주어야 한다.

테이블을 정의하는 질의문은 다음과 같은 구문 규칙을 따르게 된다.

```
CREATE TABLE 〈테이블 이름〉
(
        필드명    자료형 (크기),
        필드명    자료형 (크기),
        필드명    자료형 (크기)
);
```

위에서 보는 것처럼 테이블의 구조를 선언하는 질의문은 괄호 '('로 시작하여 ')'로 닫아주게 되며, 질의문의 끝을 알리는 세미콜론(;)은 닫힌 괄호 뒤에 붙여준다. 각각의 필드는 먼저 이름을 선언하고 뒤에 사용하게 될 자료의 구조와 크기를 선언하게 되는데, 일부 자료형의 경우 크기의 선언을 생략할 수 있다.

MariaDB에서 허용하고 있는 자료형은 어떤 것들인지 〈제11장. SQL 자료형〉에서 자세히 다루고 있으니 참고하기 바란다.

아래 질의문을 실행하면 'students'라는 이름의 테이블이 생성될 것이다.

```
create table students
(
      id                  int                  auto_increment,
      student_name        varchar (20),
      school_name         varchar (20),
      school_level        varchar (10),
      school_grade        tinyint (1),
      is_admin            tinyint (1),
      primary key (id)
);
```

4-5. SHOW TABLES

SHOW TABLES 질의어는 현재 선택한 DB 안에 있는 모든 테이블의 정보를 보여준다.

```
show tables;
```

위의 질의문을 실행하면 앞에서 만든 'students'라는 이름의 테이블을 볼 수 있다.

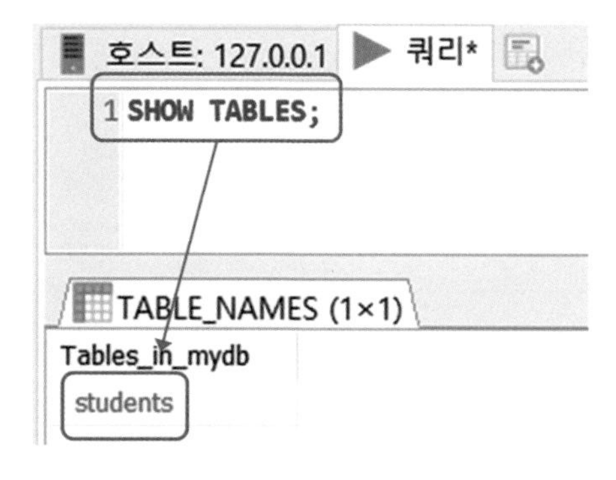

show tables FROM 〈DB 이름〉;

이렇게 FROM 키워드를 사용하는 경우 USE 명령어를 사용하여 DB를 지정할 필요 없이 곧바로 해당 DB의 테이블 정보를 볼 수 있다. 그리고 이것은 다른 질의어에서도 활용할 수 있다. 단, FROM 키워드를 통해 호출된 DB는 임시적일 뿐 USE에 의해 선언한 경우와는 다르다. 즉, FROM에 의한 것은 해당 질의문이 실행된 이후 효력을 잃게 되지만 USE에 의해 선언된 경우에는 질의문의 실행 이후에도 효력을 상실하지 않는다는 점이 다르다.

예 show tables from mydb;

4-6. SHOW COLUMNS FROM 〈테이블 이름〉

```
show columns from students;
```

선택한 테이블 안에 존재하는 열(column) 즉, 필드(field)의 정보를 보여준다. 다만, 필드에 저장된 실제 데이터값을 보여주는 것이 아닌 테이블의 구조만 보여주는 것이다. 다음 그림을 보자.

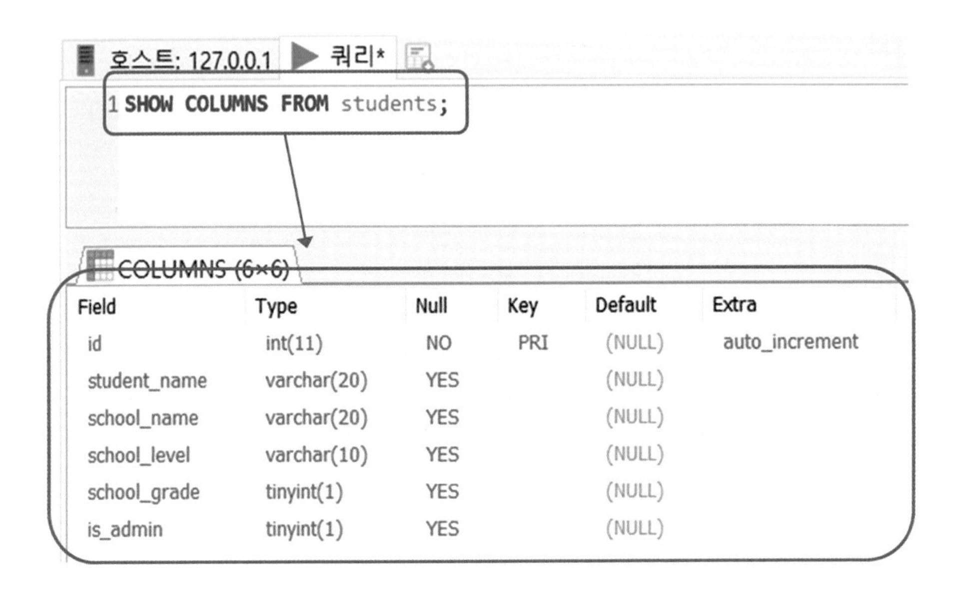

Field	Type	Null	Key	Default	Extra
id	int(11)	NO	PRI	(NULL)	auto_increment
student_name	varchar(20)	YES		(NULL)	
school_name	varchar(20)	YES		(NULL)	
school_level	varchar(10)	YES		(NULL)	
school_grade	tinyint(1)	YES		(NULL)	
is_admin	tinyint(1)	YES		(NULL)	

위에서 보는 것처럼 필드의 이름의 무엇인지 그리고 그 안에 저장되는 데이터의 자료형이 무

엇인지 등을 보여줄 뿐, 실제로 저장된 데이터는 보여주지 않고 있다. 하지만 각각의 필드가 가지는 속성을 확인할 수 있다는 면에서 아주 유용한 질의어이므로 반드시 기억하도록 하자.

DB 용어 정리 4

Row: 행
Column: 열
Field: 자료의 저장 공간 (열의 이름)
Record: 자료를 포함하고 있는 하나의 행
Type: 저장되는 데이터(자료)의 유형
Key: 기본키, 외래키 등의 정보
Default: 기본값
Extra: 각 열에 대한 추가정보

4-7. PRIMARY KEY

모든 테이블이 기본키(Primary Key)를 가져야 하는 것은 아니지만, 데이터에 접근을 용이하게 하고 싶다면 기본키를 설정해주는 것이 좋다. 왜냐하면, 기본키는 테이블에 저장된 데이터의 고유번호와 같은 것이기 때문이다. 따라서 다음과 같은 조건을 충족해야 한다.

1. 특별할 것 (중복된 값이 존재할 수 없다)
2. NULL 값을 가지지 않을 것

예를 들어, 앞에서 만든 students 테이블에서 'id'는 기본키의 역할을 충분히 잘 수행할 수 있다. 각각의 레코드에 자동으로 증가하는 고유번호를 부여하고 있기 때문에 공백(null)으로 존재할 수 없으며, 중복된 값을 가질 수도 없기 때문이다. 하지만 학생 이름(student_name)이나 학교 이름(school_name)의 경우 동일한 값이 존재할 수 있기 때문에 이들을 기본키로 사용하는 것은 적당치 않다.

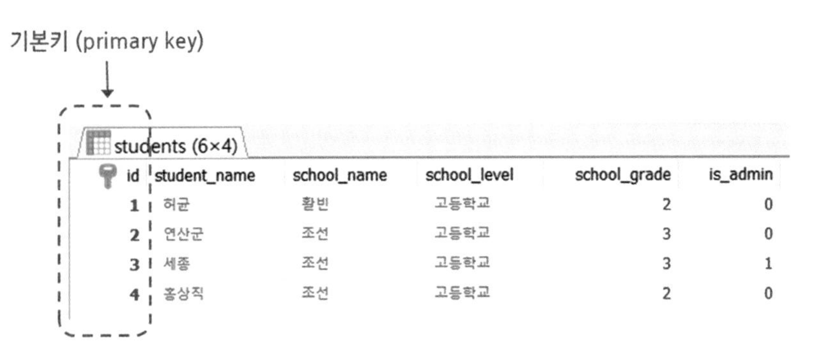

id	student_name	school_name	school_level	school_grade	is_admin
1	허균	활빈	고등학교	2	0
2	연산군	조선	고등학교	3	0
3	세종	조선	고등학교	3	1
4	홍상직	조선	고등학교	2	0

HeidiSQL을 사용하는 경우, 기본키에는 노란색 열쇠 아이콘이 붙게 된다.

하나의 테이블에는 필요에 따라 여러 개의 기본키가 존재할 수 있다.

4-8. DROP

DROP은 이미 생성한 DB나 테이블을 삭제할 때 사용하는 질의어다. 데이터베이스(DB) 자체를 삭제할 때는 다음과 같은 구문을 사용하며

```
DROP DATABASE 〈DB 이름〉
```

테이블을 삭제할 때 역시 비슷한 구문을 사용한다. 삭제하고자 하는 것이 데이터베이스(database)인지 테이블(table)인지 적어주는 것 이외에는 기본적으로 같은 구문 규칙을 가진다.

```
DROP TABLE 〈테이블 이름〉
```

```
drop table students;
show tables from mydb;
```

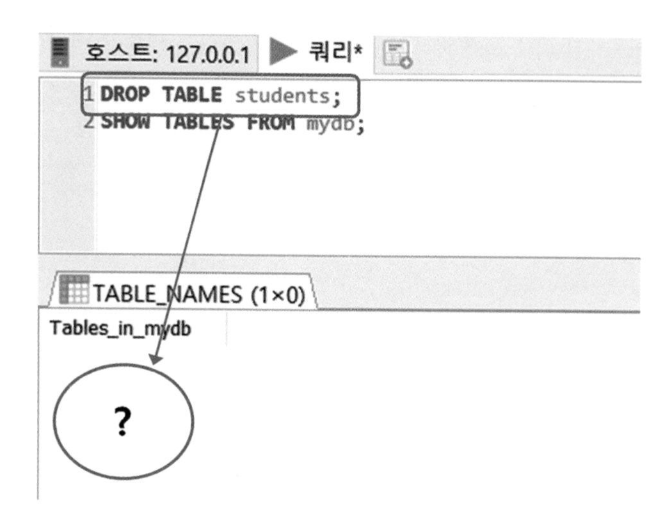

위의 그림에서 보는 것처럼, DROP TABLE 질의문을 실행한 뒤에는 앞에서 만들었던 students 테이블이 DB에서 사라진 것을 확인할 수 있다. 또한, 다음과 같이 DROP DATABASE 질의어를 실행하면 앞에서 만들었던 DB가 더 이상 목록에 존재하지 않는 것을 볼 수 있다.

```
drop database mydb;
show databases;
```

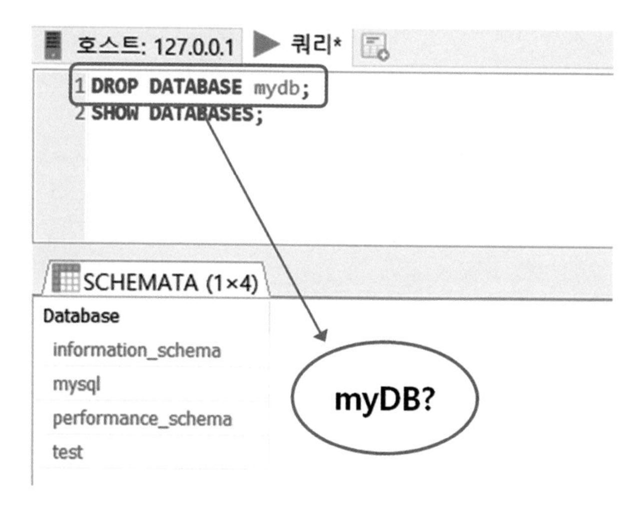

DROP을 사용할 때 주의할 점은, 삭제 행위에서 일반적으로 수행하는 재확인 절차 없이 질의어의 실행과 동시에 대상이 삭제된다는 점이다. 따라서 각별한 주의가 필요하다.

다른 질의문을 연습하기 위해 삭제했던 DB와 테이블을 다시 만들도록 하겠다.

```
create database mydb;
use mydb;

create table students
(
      id                    int                   auto_increment,
      student_name          varchar (20),
      school_name           varchar (20),
      school_level          varchar (10),
      school_grade          tinyint (1),
      is_admin              tinyint (1),
      primary key (id)
);

show tables;
```

4-9. SELECT 〈필드 이름〉 FROM 〈테이블 이름〉

SHOW COLUMNS가 테이블의 구조와 필드의 정보만을 보여주었다면, SELECT 문은 지정된 테이블에서 선택한 열(필드)에 저장된 실제 데이터를 보고자 할 때 사용한다.

```
select * from students;
```

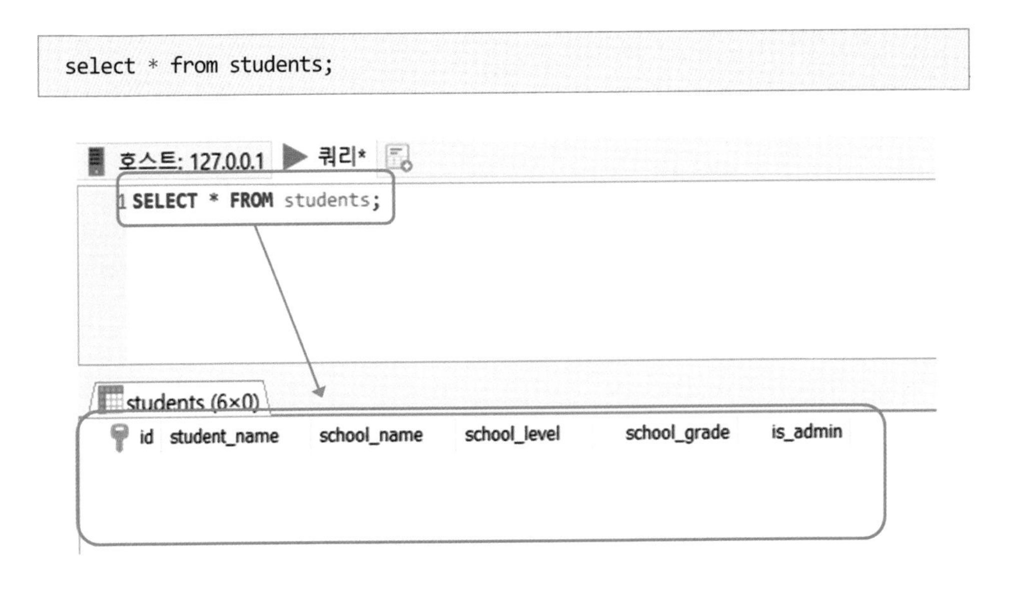

위 그림에서 보듯이 students 테이블에는 아직 아무런 데이터가 입력되어 있지 않기 때문에 테이블의 구조만 볼 수 있을 뿐, 각각의 필드에 저장된 데이터는 볼 수 없다.

위의 질의문에 사용된 '*'는 모든 정보를 한 번에 호출할 때 사용하는 특수문자다.

DB 용어 정리 5

SHOW는 DB나 테이블의 구조에 대한 정보를 보여주는 질의어, SELECT는 실제 데이터의 값을 보여주는 질의어라는 면에서 서로 구별된다.

이제 DB에 데이터를 입력하는 방법에 대해 알아보도록 하자.

4-10. INSERT INTO 〈테이블 이름〉

테이블에 데이터를 입력하기 위해서는 다음과 같은 구문 규칙을 따르게 된다.

```
INSERT INTO 〈테이블 이름〉 (필드명_1, 필드명_2, 필드명_3... 필드명_n)
VALUES (데이터_1, 데이터_2, 데이터_3... 데이터_n);
```

테이블 이름 뒤에 명시하는 필드명은 실제 테이블의 필드명과 일치해야 하며, VALUES 키워드 뒤에 데이터값 역시 앞서 명시한 필드명의 순서와 같아야 한다. 그리고 문자열 데이터의 경우 반드시 인용부호(' ')로 감싸주어야 하지만, 대부분의 다른 자료형은 인용부호를 필요로 하지 않는다. 필드명이나 입력을 원하는 데이터값은 각각 콤마로 구분하게 된다.

```
insert into students (student_name, school_name, school_level, school_
grade, is_admin)
values ('홍길동', '활빈', '고등학교', 2, 0);

select * from students;
```

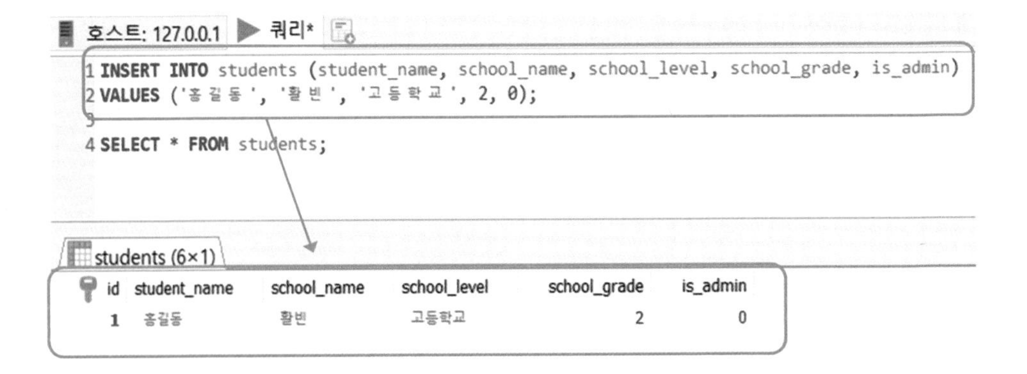

위의 질의문에 id 필드를 입력하고 있지 않은 이유는 테이블을 정의할 때 id에 auto_increment 속성을 부여했기 때문이다. 즉, id는 새로운 자료가 들어올 때마다 자동으로 값이 증가하게 될 것이다. 물론, 직접 값을 부여하는 것도 가능하다.

하지만 레코드값을 한 번에 하나씩밖에 입력할 수 없는 것인가? 물론 아니다. 이제 여러 레코드의 값을 한 번에 입력하는 방법을 알아보자.

구문의 규칙은 기본적으로 똑같고 다만 VALUES 키워드 뒤에 원하는 데이터의 집합(레코드)을 각각 (...), (...), (...)처럼 묶어서 연결해주면 된다. 그리고 각각의 레코드는 반드시 콤마로 구분해주게 되며, 마지막 레코드 뒤에는 질의문의 끝을 알리는 세미콜론(;)을 입력해주게 된다.

```
INSERT INTO 〈테이블 이름〉 (필드명_1, 필드명_2, 필드명_3... 필드명_n)
VALUES    (데이터_1, 데이터_2, 데이터_3... 데이터_n),
          (데이터_a, 데이터_b, 데이터_c... 데이터_n),
          (데이터_가, 데이터_나, 데이터_다... 데이터_n);
```

```
insert into students (student_name, school_name, school_level, school_
grade, is_admin)
values ('허균', '활빈', '고등학교', 2, 0),
       ('연산군', '조선', '고등학교', 3, 0),
       ('세종', '조선', '고등학교', 3, 1),
       ('홍상직', '조선', '고등학교', 2, 0);

select * from students;
```

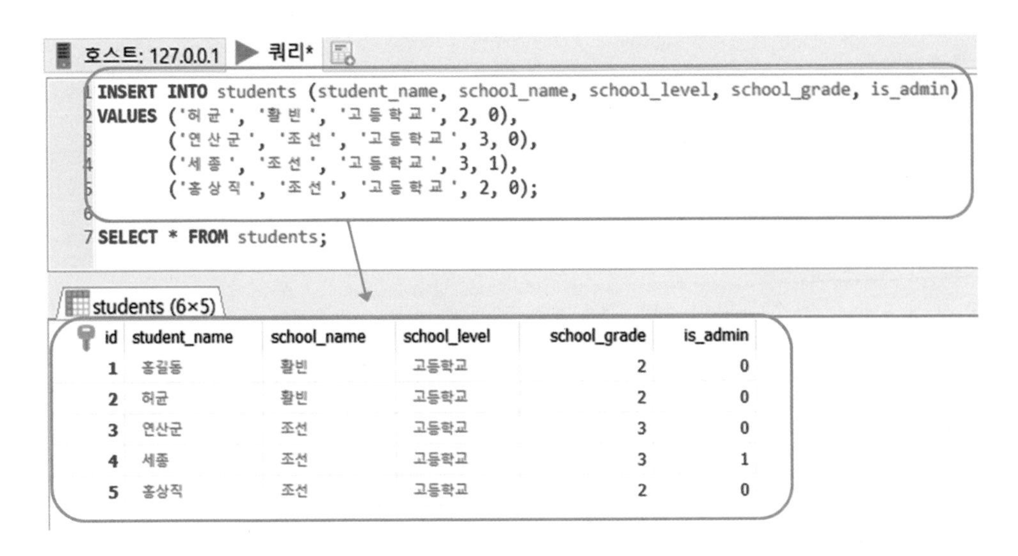

호스트: 127.0.0.1 쿼리*

```
1 INSERT INTO students (student_name, school_name, school_level, school_grade, is_admin)
2 VALUES ('허균', '활빈', '고등학교', 2, 0),
3        ('연산군', '조선', '고등학교', 3, 0),
4        ('세종', '조선', '고등학교', 3, 1),
5        ('홍상직', '조선', '고등학교', 2, 0);
6
7 SELECT * FROM students;
```

students (6×5)

id	student_name	school_name	school_level	school_grade	is_admin
1	홍길동	활빈	고등학교	2	0
2	허균	활빈	고등학교	2	0
3	연산군	조선	고등학교	3	0
4	세종	조선	고등학교	3	1
5	홍상직	조선	고등학교	2	0

테이블에 데이터를 저장했다면 SELECT 질의어를 이용하여 해당 데이터를 확인해볼 수 있다.

```
select * from students;
```

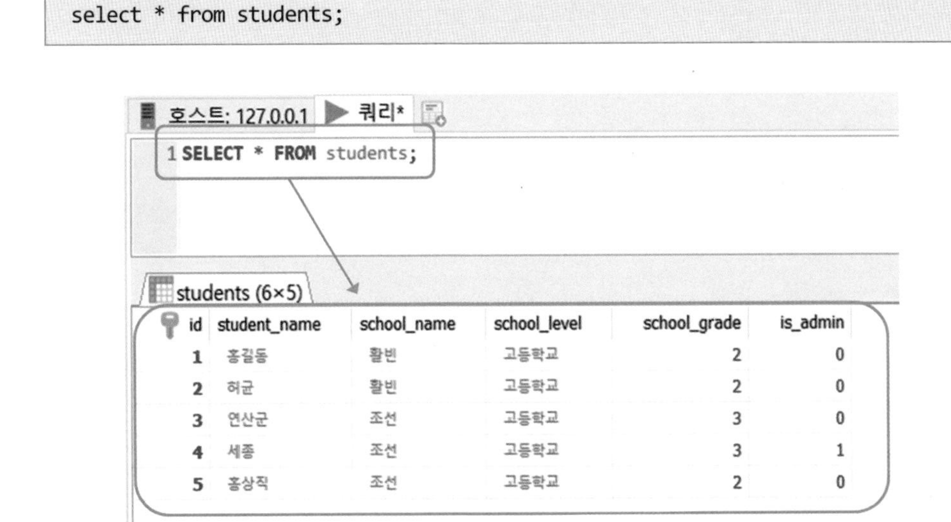

호스트: 127.0.0.1 쿼리*

```
1 SELECT * FROM students;
```

students (6×5)

id	student_name	school_name	school_level	school_grade	is_admin
1	홍길동	활빈	고등학교	2	0
2	허균	활빈	고등학교	2	0
3	연산군	조선	고등학교	3	0
4	세종	조선	고등학교	3	1
5	홍상직	조선	고등학교	2	0

이처럼 선택한 테이블에서 저장된 모든 데이터를 불러올 수도 있고, 다음과 같이 원하는 열에 저장된 데이터만 선택적으로 불러올 수도 있다. 다수의 열에 저장된 정보를 보고 싶다면, 각각의 열 이름을 콤마(,)로 구별해주면 된다.

```
select student_name, school_grade from students;
```

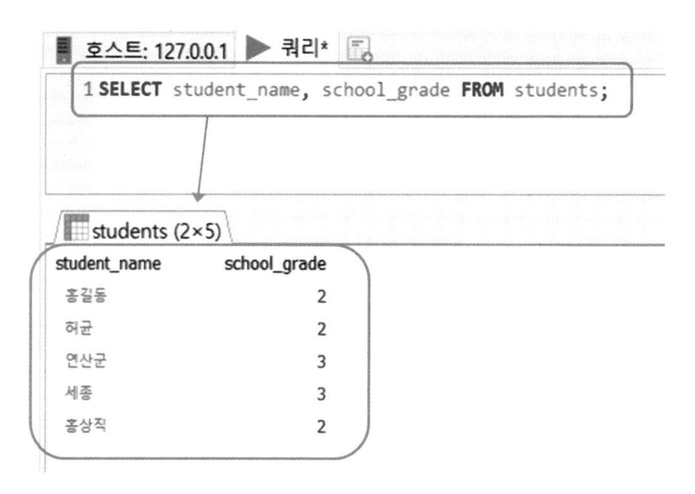

이제 데이터를 좀 더 추가해보도록 하겠다. 다른 질의어를 보다 효과적으로 익히기 위해서는 더 많은 데이터가 필요할 것이기 때문이다.

```
insert into students (student_name, school_name, school_level, school_
grade, is_admin)
values ('성춘향', '남원', '중학교', 3, 0),
       ('이몽룡', '남원', '고등학교', 1, 0),
       ('방자', '남원', '중학교', 2, 0),
       ('향단', '남원', '중학교', 2, 0),
       ('변사또', '남원', '고등학교', 3, 0),
       ('심청', '도화', '중학교', 2, 0),
       ('심학규', '도화', '고등학교', 3, 0),
       ('용왕', '도화', '고등학교', 3, 0),
       ('곽씨', '도화', '고등학교', 2, 0),
       ('뺑덕', '도화', '고등학교', 1, 0),
       ('흥부', '남원', '고등학교', 2, 0),
       ('놀부', '남원', '고등학교', 3, 0);

select * from students;
```

호스트: 127.0.0.1 ▶ 쿼리*

```
1  INSERT INTO students (student_name, school_name, school_level, school_grade, is_admin)
2  VALUES ('성춘향', '남원', '중학교', 3, 0),
3         ('이몽룡', '남원', '고등학교', 1, 0),
4         ('방자', '남원', '중학교', 2, 0),
5         ('향단', '남원', '중학교', 2, 0),
6         ('변사또', '남원', '고등학교', 3, 0),
7         ('심청', '도화', '중학교', 2, 0),
8         ('심학규', '도화', '고등학교', 3, 0),
9         ('용왕', '도화', '고등학교', 3, 0),
10        ('곽씨', '도화', '고등학교', 2, 0),
11        ('뺑덕', '도화', '고등학교', 1, 0),
12        ('흥부', '남원', '고등학교', 2, 0),
13        ('놀부', '남원', '고등학교', 3, 0);
14
15 SELECT * FROM students;
```

students (6×17)

id	student_name	school_name	school_level	school_grade	is_admin
1	홍길동	활빈	고등학교	2	0
2	허균	활빈	고등학교	2	0
3	연산군	조선	고등학교	3	0
4	세종	조선	고등학교	3	1
5	홍상직	조선	고등학교	2	0
6	성춘향	남원	중학교	3	0
7	이몽룡	남원	고등학교	1	0
8	방자	남원	중학교	2	0
9	향단	남원	중학교	2	0
10	변사또	남원	고등학교	3	0
11	심청	도화	중학교	2	0
12	심학규	도화	고등학교	3	0
13	용왕	도화	고등학교	3	0

4-11. SELECT DISTINCT <열 이름> FROM <테이블 이름>

하나의 테이블에는 여러 개의 열(column)이 존재하는 것이 보통이다. 그리고 때로는 특정 열에 얼마나 다양한 데이터가 존재하는지 확인해야 할 필요가 있다. 즉, 몇 개의 경우의 수가 존재하는지 확인하는 것인데, 이때 사용할 수 있는 것이 'DISTINCT' 키워드다. DISTINCT를 사용하면 중복되지 않은 데이터값이 모두 몇 개인지 확인해볼 수 있다. 다음 질의문을 실행해보자.

```
select distinct school_name from students;
```

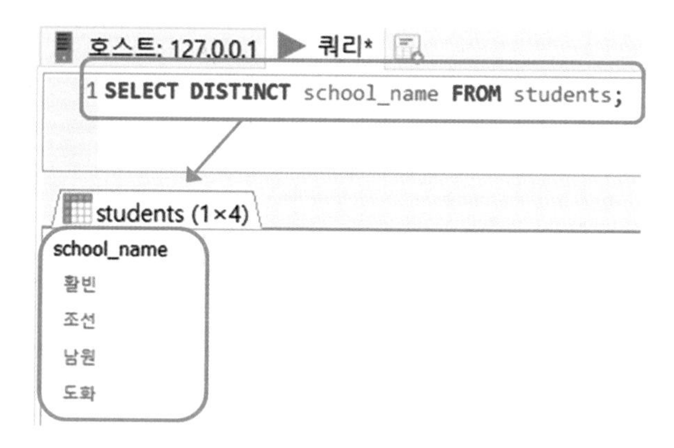

위의 그림에서 볼 수 있듯이, DISTINCT 키워드를 사용하면 'school_name' 열에 존재하고 있는 값은 총 4개 즉, 활빈, 조선, 남원, 도화뿐이라는 사실을 알 수 있다.

다음과 같이 열 이름을 두 개 이상 주게 되면, 해당 열이 가질 수 있는 최대 조합의 수를 보여준다.

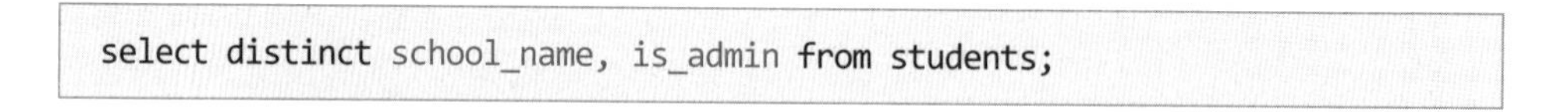

```
select distinct school_name, is_admin from students;
```

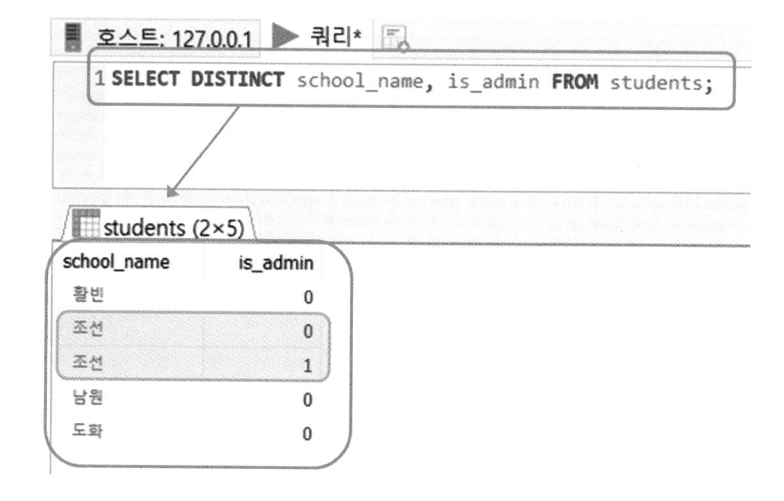

위의 그림에서 볼 수 있듯이, school_name 열과 is_admin 열이 만들어낼 수 있는 경우의 수는 최대 5가지다. 즉, '활빈', '남원' '도화'라는 값을 가진 데이터는 is_admin의 값이 모두 '0'

이지만, '조선'이라는 값을 가지는 데이터의 경우 is_admin의 값이 '0'인 경우도 있고 '1'인 경우도 있다는 것이다. 따라서 school_name과 is_admin 두 개의 열이 만들어낼 수 있는 최대 조합의 수는 5개가 되는 것이다.

4-12. SELECT 〈열 이름〉 FROM 〈테이블 이름〉 LIMIT 〈원하는 자료의 수〉

SQL 질의어는 저장된 모든 데이터를 대상으로 역할을 수행한다. 하지만 항상 모든 데이터가 다 필요한 것은 아닐 것이다. 단지 몇 개의 데이터만을 보고 싶다면 'LIMIT' 키워드를 사용할 수 있다. 다음과 같이 SELECT 질의어 뒤에 LIMIT를 붙여줌으로써 원하는 수의 데이터만 추출할 수 있다.

```
select school_name from students limit 5;
```

위의 질의어는 students 테이블에서 학교 이름(school_name) 열에 저장된 데이터 중 위에서 다섯 개만 가져오도록 하고 있다.

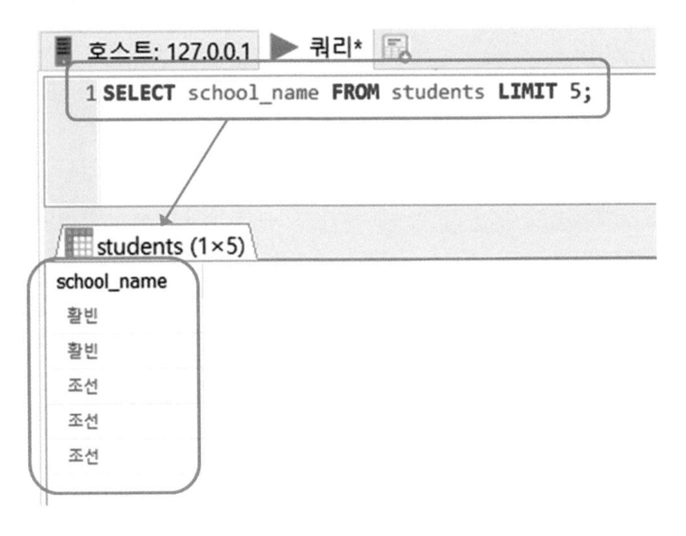

하지만, 단순히 순서대로 자료를 가져오게 되면 위 그림에서처럼 중복된 데이터값이 그대로 반환된다. 즉, 반환되는 결과값의 개수만 제한했을 뿐, 데이터의 중복성을 고려하지 않았기 때문이다. 그렇다면 데이터의 중복이 없는 순수한 결과값을 원한다면 어떻게 할 수 있을까? LIMIT와 함께 DISTINCT를 사용하면 가능하다.

```
select distinct school_name from students limit 3;
```

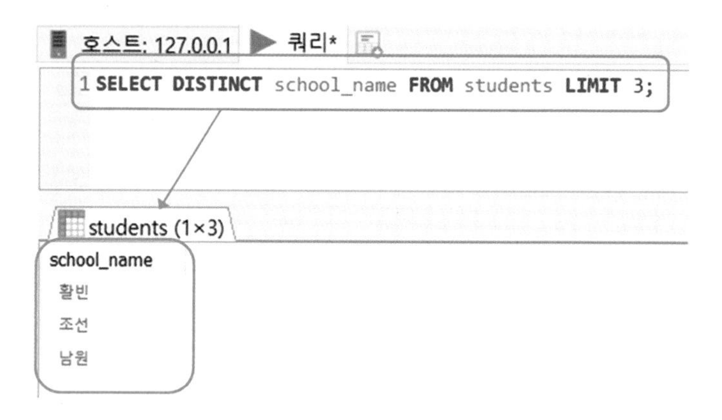

앞서 보여주었던 결과 화면과 달리 이번에는 DISTINCT에 의해 중복된 값이 배제되고 있음을 볼 수 있다. 하지만 우리가 실제 상황에서 필요한 것은 아마도 이보다는 조금 더 복잡한 조건을 가지게 될 것이다. 예를 들어, 2번째 데이터부터 3개만 보고 싶다면 어떻게 해야 할까? 다음과 같은 방법으로 해결할 수 있다.

```
LIMIT 〈오프셋〉, 〈원하는 데이터의 수〉
```

```
select distinct school_name from students limit 1, 3;
```

위의 질의문을 실행하면 2번째 데이터부터 3개의 데이터를 가지고 나와서 보여줄 것이다. '1'이라고 적어주었음에도 불구하고 2번째 데이터인 이유는 SQL에서의 첫 번째 카운팅 번호가 '1'이 아니라 '0'이기 때문이다. 따라서 5번째 데이터부터 보고 싶다면 (5-1=4) 즉, 'limit 4, n'이라고 적어주어야 한다.

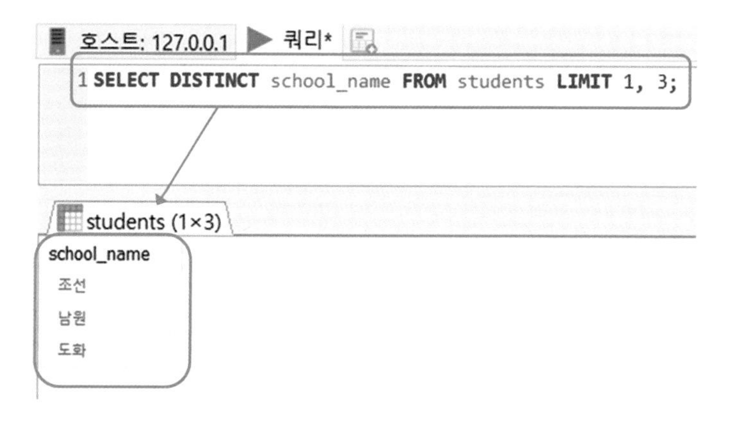

4-13. ORDER BY <열 이름>

ORDER BY 연산자는 SELECT 문에 의해 반환되는 결과값을 정렬하는 데 사용한다.

```
select * from students order by school_grade;
```

위의 질의문을 실행하면 students 테이블에 있는 모든 데이터를 학년(school_grade) 열에 저장된 데이터값을 기준으로 정렬하여 보여줄 것이다. ORDER BY 연산은 기본적으로 오름차순이다. 즉, 가장 작은 수에서부터 큰 수의 순서로 정렬한다.

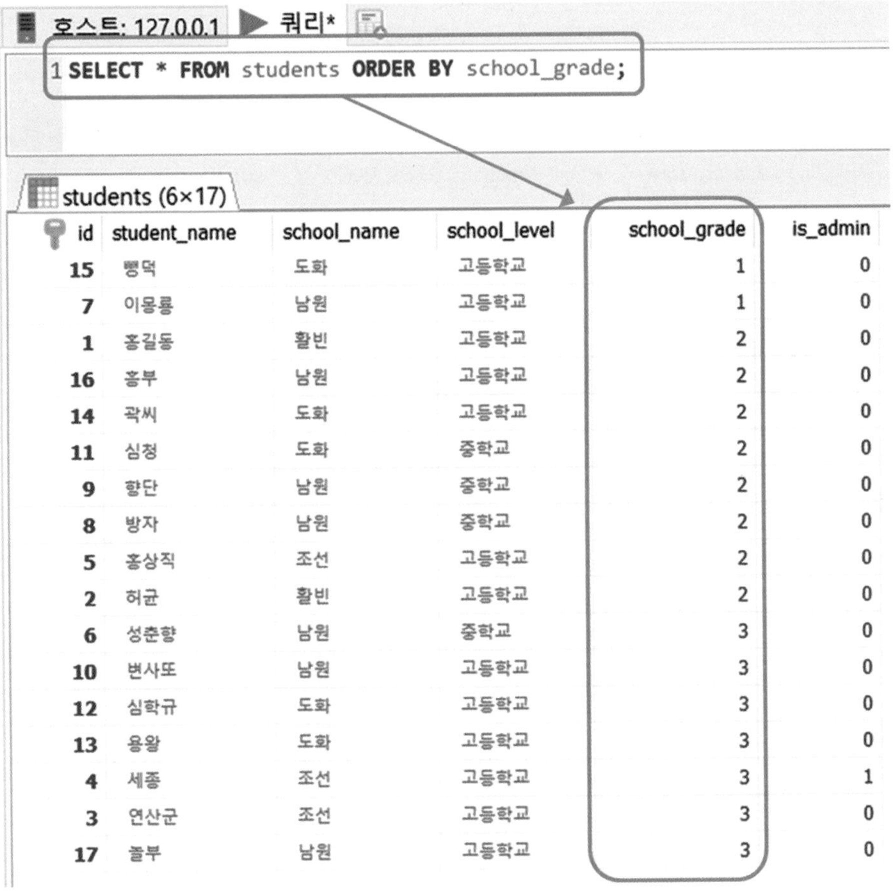

호스트: 127.0.0.1 쿼리*

```
1 SELECT * FROM students ORDER BY school_grade;
```

students (6×17)

id	student_name	school_name	school_level	school_grade	is_admin
15	뺑덕	도화	고등학교	1	0
7	이몽룡	남원	고등학교	1	0
1	홍길동	활빈	고등학교	2	0
16	흥부	남원	고등학교	2	0
14	곽씨	도화	고등학교	2	0
11	심청	도화	중학교	2	0
9	향단	남원	중학교	2	0
8	방자	남원	중학교	2	0
5	홍상직	조선	고등학교	2	0
2	허균	활빈	고등학교	2	0
6	성춘향	남원	중학교	3	0
10	변사또	남원	고등학교	3	0
12	심학규	도화	고등학교	3	0
13	용왕	도화	고등학교	3	0
4	세종	조선	고등학교	3	1
3	연산군	조선	고등학교	3	0
17	놀부	남원	고등학교	3	0

오름차순 VS. 내림차순

정렬의 기본적인 방법은 오름차순(ASC)이다. 하지만 필요하다면 내림차순(DESC)으로 정렬할 수도 있다.

```
select * from students order by school_grade asc;
select * from students order by school_grade desc;
```

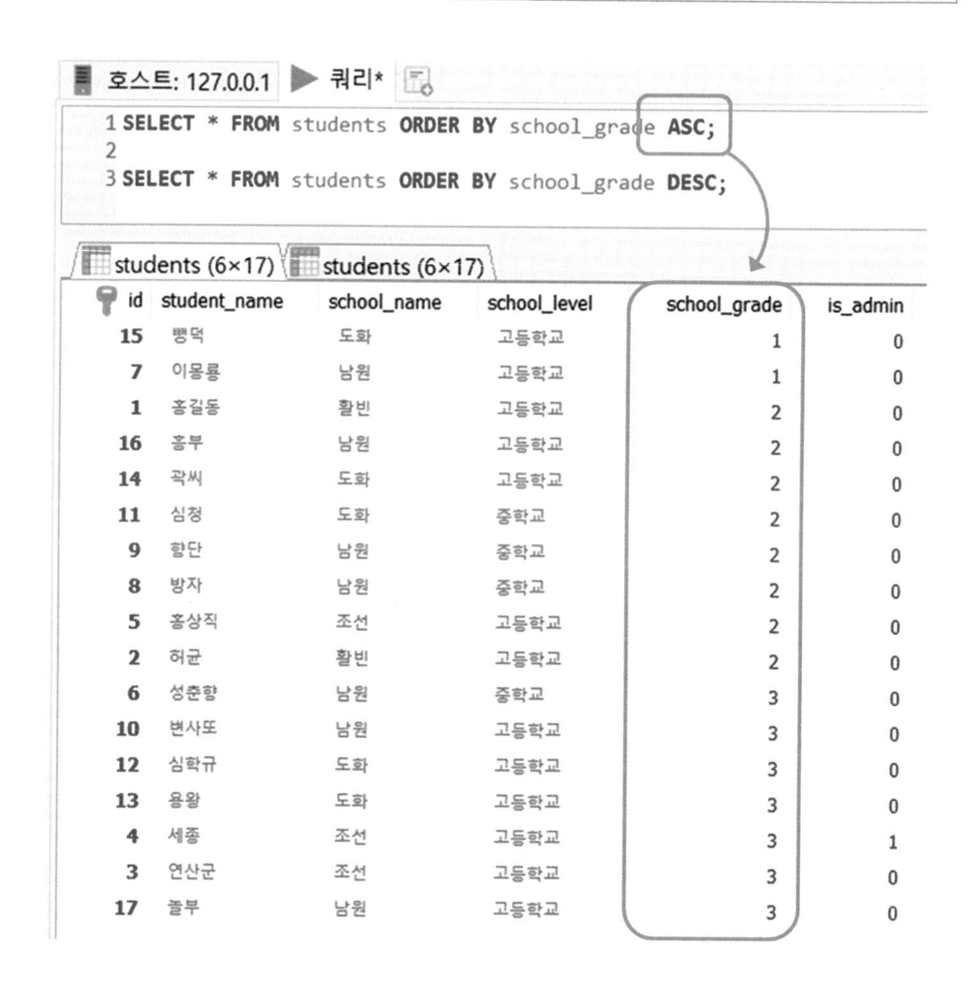

id	student_name	school_name	school_level	school_grade	is_admin
15	뺑덕	도화	고등학교	1	0
7	이몽룡	남원	고등학교	1	0
1	홍길동	활빈	고등학교	2	0
16	흥부	남원	고등학교	2	0
14	곽씨	도화	고등학교	2	0
11	심청	도화	중학교	2	0
9	향단	남원	중학교	2	0
8	방자	남원	중학교	2	0
5	홍상직	조선	고등학교	2	0
2	허균	활빈	고등학교	2	0
6	성춘향	남원	중학교	3	0
10	변사또	남원	고등학교	3	0
12	심학규	도화	고등학교	3	0
13	용왕	도화	고등학교	3	0
4	세종	조선	고등학교	3	1
3	연산군	조선	고등학교	3	0
17	놀부	남원	고등학교	3	0

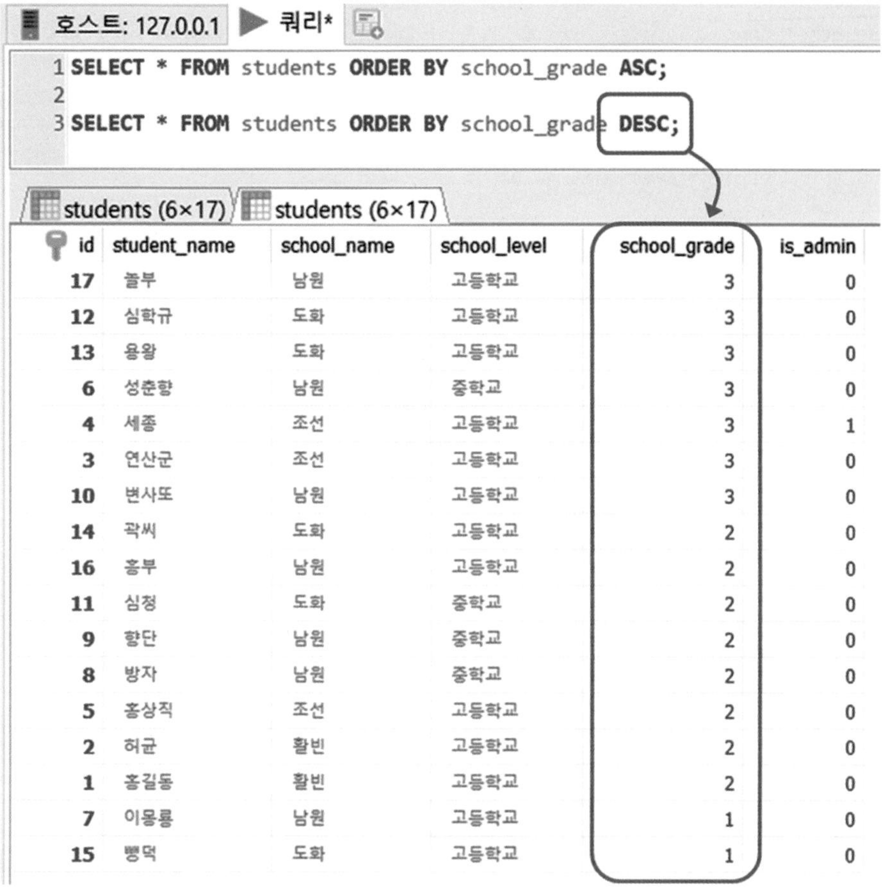

호스트: 127.0.0.1 ▶ 쿼리*

```
1 SELECT * FROM students ORDER BY school_grade ASC;
2
3 SELECT * FROM students ORDER BY school_grade DESC;
```

students (6×17) / students (6×17)

id	student_name	school_name	school_level	school_grade	is_admin
17	놀부	남원	고등학교	3	0
12	심학규	도화	고등학교	3	0
13	용왕	도화	고등학교	3	0
6	성춘향	남원	중학교	3	0
4	세종	조선	고등학교	3	1
3	연산군	조선	고등학교	3	0
10	변사또	남원	고등학교	3	0
14	곽씨	도화	고등학교	2	0
16	흥부	남원	고등학교	2	0
11	심청	도화	중학교	2	0
9	향단	남원	중학교	2	0
8	방자	남원	중학교	2	0
5	홍상직	조선	고등학교	2	0
2	허균	활빈	고등학교	2	0
1	홍길동	활빈	고등학교	2	0
7	이몽룡	남원	고등학교	1	0
15	뺑덕	도화	고등학교	1	0

오름차순이란, 작은 것부터 큰 것으로 보여지는 방식을 말하고
내림차순이란, 큰 것부터 작은 것으로 보여지는 방식을 말한다.

ORDER BY는 하나의 열을 기준으로 정렬할 때만 사용할 수 있는 것이 아니다. 여러 열에 정렬을 명령할 수도 있는데, 이 경우 열 이름을 콤마(,)로 구분해주면 된다. 다음과 같이 여러 열을 지정하면 먼저 제시된 열을 기준으로 정렬한 뒤, 두 번째 제시된 열을 기준으로 다시 정렬하게 된다.

```
select * from students order by school_level, school_grade;
```

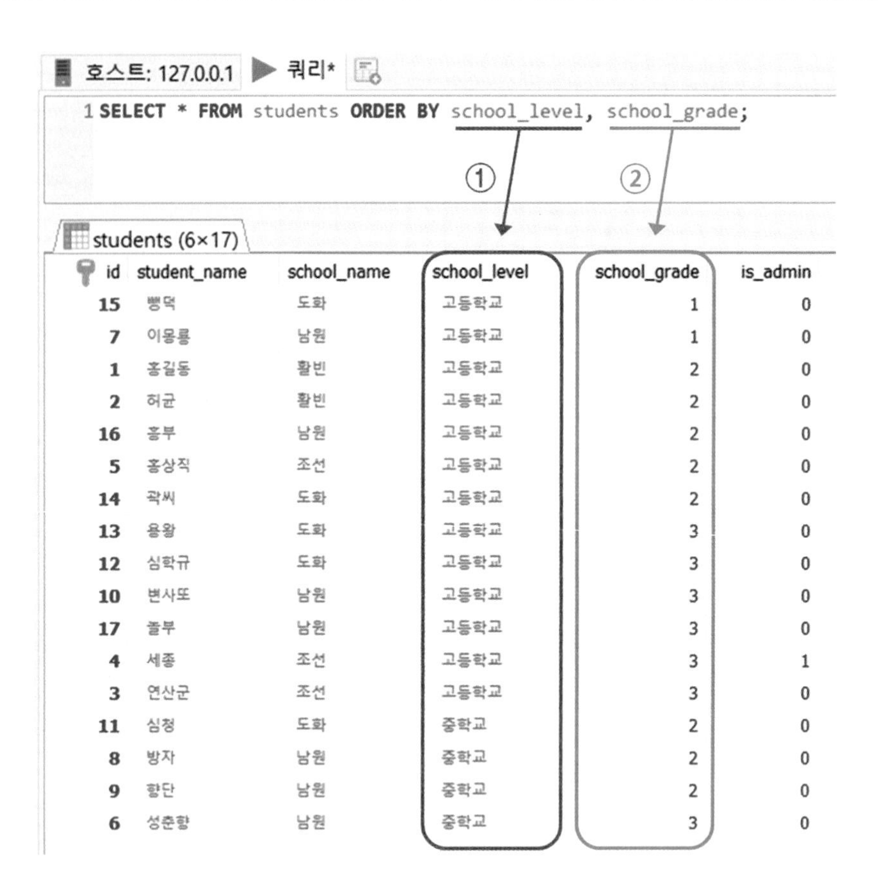

id	student_name	school_name	school_level	school_grade	is_admin
15	뺑덕	도화	고등학교	1	0
7	이몽룡	남원	고등학교	1	0
1	홍길동	활빈	고등학교	2	0
2	허균	활빈	고등학교	2	0
16	흥부	남원	고등학교	2	0
5	홍상직	조선	고등학교	2	0
14	곽씨	도화	고등학교	2	0
13	용왕	도화	고등학교	3	0
12	심학규	도화	고등학교	3	0
10	변사또	남원	고등학교	3	0
17	놀부	남원	고등학교	3	0
4	세종	조선	고등학교	3	1
3	연산군	조선	고등학교	3	0
11	심청	도화	중학교	2	0
8	방자	남원	중학교	2	0
9	향단	남원	중학교	2	0
6	성춘향	남원	중학교	3	0

4-14. 다중 질의어

한 번에 하나의 질의어만 던지는 것도 가능하지만, SQL은 여러 질의어를 동시에 제시하는 것 역시 허용하고 있다.

```
select student_name from students; select school_name from students; select
school_level from students;
```

혹은 다음과 같이 질의문을 작성할 수도 있다.

```
select student_name from students;
select school_name from students;
select school_level from students;
```

위에서 보는 것처럼 여러 질의문을 한 줄에 써주어도 되고, 여러 줄에 걸쳐 제시해도 된다. SQL은 하나의 질의가 끝났다는 것을 세미콜론(;)으로 표시하기 때문에, 세미콜론만 붙여주면 여러 질의문을 한 줄에 적어주는 것도 가능하다. 물론, 이것은 매우 좋지 않은 습관이다. 하나의 줄에는 오직 하나의 질의문을 제시하는 것이 좋다.

어떤 형태로 질의를 하든, 여러 질의어가 한 번에 실행되는 경우, 각 질의문의 결과는 각각 서로 다른 탭으로 구분해서 보이게 된다.

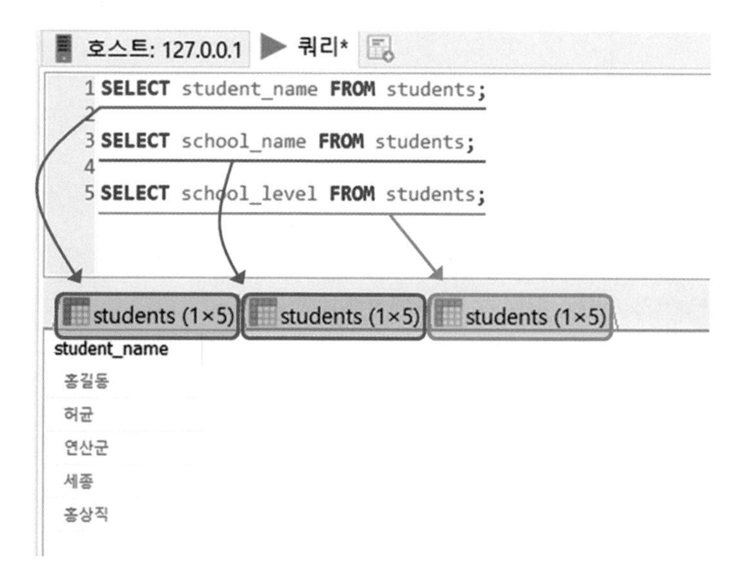

4-15. WHERE 조건문

WHERE 조건문은 테이블에서 주어진 조건의 데이터만을 추출하는 질의문이다.

```
SELECT <열 이름> FROM <테이블 이름> WHERE <조건1> [AND/OR] <조건2>
```

WHERE 구문을 사용하기 위해서는 당연히 하나 이상의 조건이 주어져야 한다. 여러 개의 조건을 주고 싶을 때는 중간에 'AND' 혹은 'OR'을 사용할 수 있다. AND를 사용할 경우 주어진 모든 조건에 만족하는 데이터만을 반환할 것이고, OR을 사용하면 주어진 조건 중 어느 하나라도 만족하면 모두 결괏값으로 반환할 것이다. 다음은 students 테이블에서 특정 학교에 소속된 학생만을 추출하는 질의문이다.

```
select * from students where school_name='남원';
```

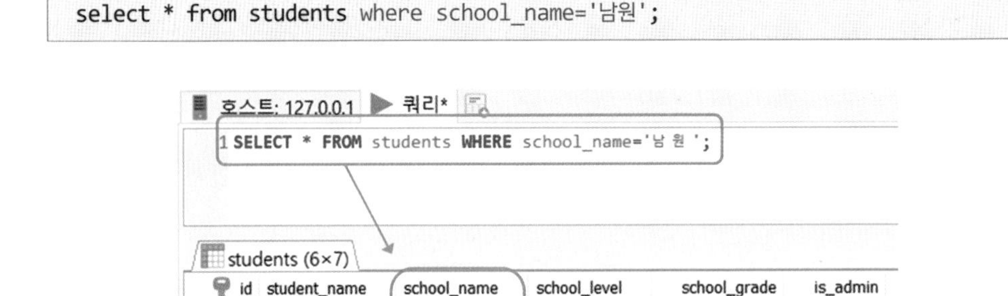

id	student_name	school_name	school_level	school_grade	is_admin
6	성춘향	남원	중학교	3	0
7	이몽룡	남원	고등학교	1	0
8	방자	남원	중학교	2	0
9	향단	남원	중학교	2	0
10	변사또	남원	고등학교	3	0
16	흥부	남원	고등학교	2	0
17	놀부	남원	고등학교	3	0

앞서 말한 대로 여러 개의 조건을 한 번에 제시할 수도 있는데, 이렇게 함으로써 원하는 데이터에 좀 더 정확하게 접근할 수 있다.

```
select * from students where school_name='남원' and school_level='고등학교';
```

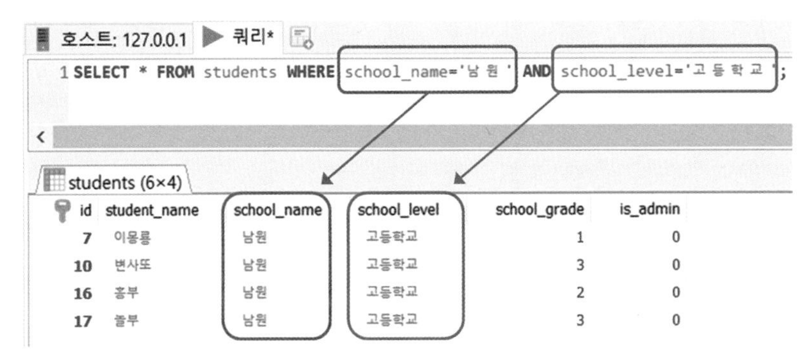

id	student_name	school_name	school_level	school_grade	is_admin
7	이몽룡	남원	고등학교	1	0
10	변사또	남원	고등학교	3	0
16	흥부	남원	고등학교	2	0
17	놀부	남원	고등학교	3	0

다음의 질의문은 students 테이블에서 학교 이름이 '활빈'이거나 '도화'에 해당하는 값을 가진 학생의 이름과 학교 이름을 반환하도록 하고 있다.

```
select student_name, school_name from students where school_name='활빈' or
school_name='도화';
```

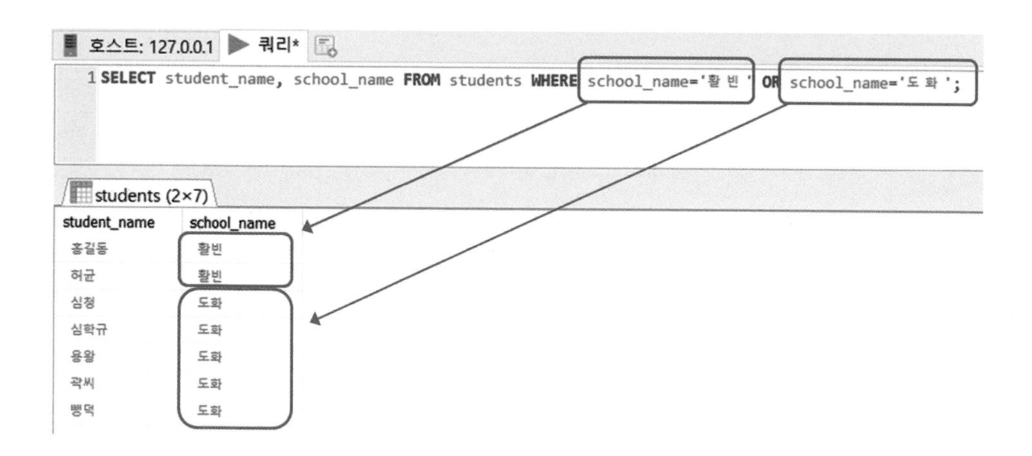

위에서 보는 것처럼 SELECT 질의어 뒤에 결과값으로 반환받고 싶은 필드명을 나열해주게 되는데, 이때 각각의 필드명은 콤마(,)로 구분해주어야 한다. WHERE 조건문에 사용된 OR 키워드를 AND로 바꿔주면 전혀 다른 결과값이 반환됨으로 AND와 OR을 신중하게 선택해야 한다.

```
select student_name, school_name from students where school_name='활빈' and
school_name='도화';
```

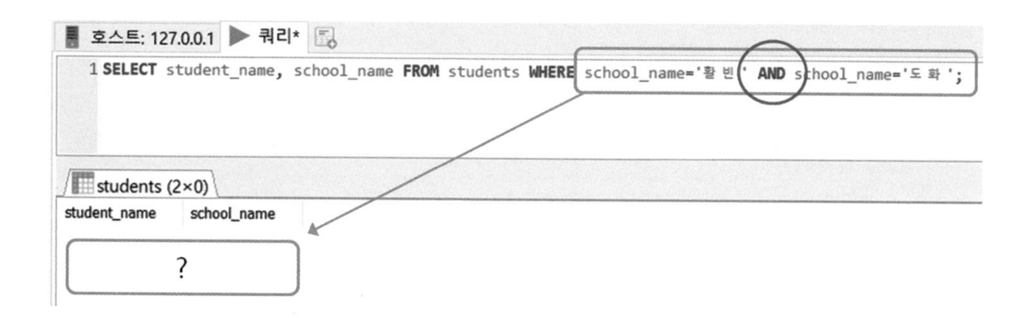

AND를 사용한 경우에 아무런 반환값이 없는 이유는 소속학교 이름이 '활빈'이면서 동시에 '도화'인 경우는 있을 수 없기 때문이다. 중고등학생의 경우 한 명의 학생이 동시에 두 개 이상의 학교에 다닐 수는 없는 일 아닌가?

4-16. ALTER TABLE 문의 활용

4-16-1. ADD 〈열 이름〉 〈자료형〉

ALTER TABLE 문은 기존 테이블에 열을 추가하거나 삭제 또는 수정하는 데 사용한다. 뿐만 아니라, ALTER TABLE 문을 사용하여 이미 존재하는 테이블에 다양한 제약조건(constraints)을 추가하거나 삭제할 수 있다. 제약조건(constraint)에 대해서는 〈8-11. 제약조건〉에서 다루고 있으니 참고하기 바란다. 여기서는 일단 새로운 열(column)을 추가하고 삭제, 수정하는 것만 다루도록 하겠다.

```
ALTER TABLE 〈테이블 이름〉 ADD 〈열 이름〉 〈자료형〉;
```

다음 질의문을 실행하면 학생의 성별(student_gender) 정보를 저장할 수 있는 새로운 열이 추가될 것이다.

```
alter table students
add student_gender varchar(1);

select * from students;
```

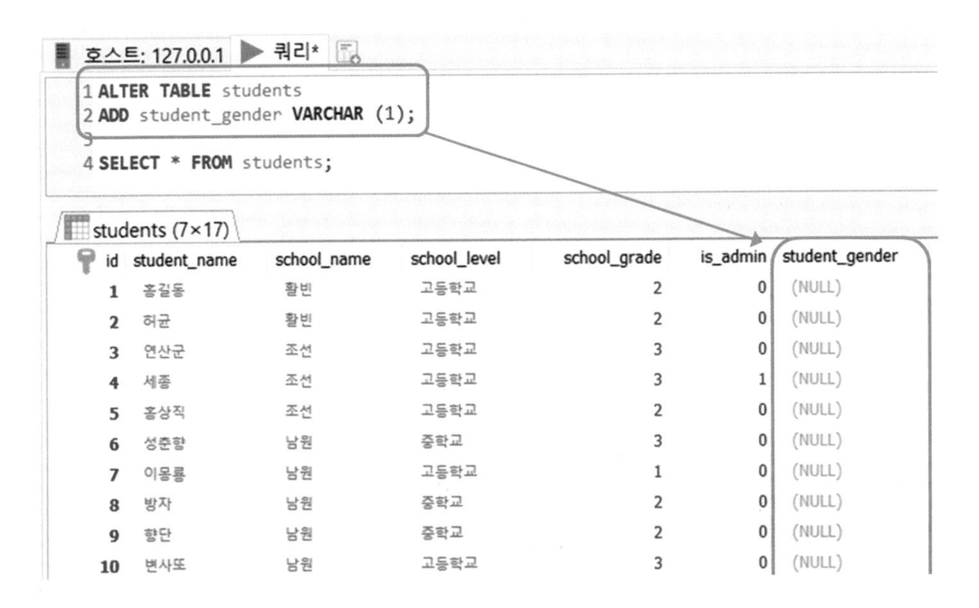

id	student_name	school_name	school_level	school_grade	is_admin	student_gender
1	홍길동	활빈	고등학교	2	0	(NULL)
2	허균	활빈	고등학교	2	0	(NULL)
3	연산군	조선	고등학교	3	0	(NULL)
4	세종	조선	고등학교	3	1	(NULL)
5	홍상직	조선	고등학교	2	0	(NULL)
6	성춘향	남원	중학교	3	0	(NULL)
7	이몽룡	남원	고등학교	1	0	(NULL)
8	방자	남원	중학교	2	0	(NULL)
9	향단	남원	중학교	2	0	(NULL)
10	변사또	남원	고등학교	3	0	(NULL)

11	심청	도화	중학교	2	0	(NULL)
12	심학규	도화	고등학교	3	0	(NULL)
13	용왕	도화	고등학교	3	0	(NULL)
14	곽씨	도화	고등학교	2	0	(NULL)
15	뺑덕	도화	고등학교	1	0	(NULL)
16	흥부	남원	고등학교	2	0	(NULL)
17	놀부	남원	고등학교	3	0	(NULL)

위 질의문은 새로운 열만 추가했을 뿐, 데이터를 입력하지 않았기 때문에 각각의 필드는 NULL 값으로 채워져 있다.

DB 용어 정리 6

NULL 값이란?

테이블에 새로운 열이나 행을 추가할 때 실제 데이터를 포함하지 않을 수도 있다. 이런 경우 해당 필드(field)는 Null 값으로 채워지게 되는데, Null 값은 숫자 '0'이나 공백문자(space)와는 다른 것으로, 어떠한 실질적인 자료값이 없는, 단지 비어있는 상태를 말한다.

4-16-2. DROP COLUMN 〈열 이름〉

ADD 키워드와 반대로 DROP 키워드를 사용하면 테이블에 존재하는 열(column)을 삭제할 수 있다. 새로운 열을 추가할 때와 달리 이미 존재하는 열을 삭제할 때는 자료형의 제시 없이 단지 삭제하고자 하는 열의 이름만 밝히면 된다.

```
ALTER TABLE 〈테이블 이름〉 DROP COLUMN 〈열 이름〉;
```

```
alter table students
drop column is_admin;

select * from students;
```

위의 질의문을 실행하면 students 테이블에 존재했던 is_admin 열이 사라진 것을 볼 수 있을 것이다.

호스트: 127.0.0.1 ▶ 쿼리*

```
1 ALTER TABLE students
2 DROP COLUMN is_admin;
3
4 SELECT * FROM students;
```

students (6×17) is_admin?

id	student_name	school_name	school_level	school_grade	student_gender
1	홍길동	활빈	고등학교	2	(NULL)
2	허균	활빈	고등학교	2	(NULL)
3	연산군	조선	고등학교	3	(NULL)
4	세종	조선	고등학교	3	(NULL)
5	홍상직	조선	고등학교	2	(NULL)
6	성춘향	남원	중학교	3	(NULL)
7	이몽룡	남원	고등학교	1	(NULL)
8	방자	남원	중학교	2	(NULL)
9	향단	남원	중학교	2	(NULL)
10	변사또	남원	고등학교	3	(NULL)
11	심청	도화	중학교	2	(NULL)
12	심학규	도화	고등학교	3	(NULL)
13	용왕	도화	고등학교	3	(NULL)
14	곽씨	도화	고등학교	2	(NULL)
15	뺑덕	도화	고등학교	1	(NULL)
16	흥부	남원	고등학교	2	(NULL)
17	놀부	남원	고등학교	3	(NULL)

4-16-3. MODIFY COLUMN 〈열 이름〉 〈자료형〉

각각의 열은 처음 선언할 때 이곳에 저장할 자료형(data type)을 선언해야 한다. 하지만 실제로 DB를 운영하다 보면, 처음 생각과 달리 자료형을 수정해야 할 때가 있는데, 이때 사용하는 것이 바로 'MODIFY' 키워드다.

```
ALTER TABLE 〈테이블 이름〉 MODIFY COLUMN 〈열 이름〉 〈자료형〉;
```

```
alter table students modify column student_gender varchar(2);
```

처음 student_gender 열을 선언할 때 자료형은 varchar(1) 즉, 단 한 글자만 저장할 수 있도록 했었다. 하지만 위의 질의문을 실행하면 두 글자까지 저장할 수 있는 크기로 바뀌게 될 것이다.

4-16-4. CHANGE COLUMN 〈열 이름〉 〈자료형〉

각각의 열 이름은 테이블이 처음 만들어질 때 선언된다. 하지만 필요에 따라 테이블을 추가하다 보면 열 이름이 중복될 수 있고, 이것은 DB 관리에 어려움을 초래할 수 있다. 어떤 이유든 간에 이미 정해진 열의 이름을 바꾸고자 한다면 'CHANGE COLUMN' 키워드를 사용하게 된다. 이때 키워드 'COLUMN'은 입력하지 않아도 동일한 기능을 수행한다.

```
ALTER TABLE 〈테이블 이름〉 CHANGE COLUMN 〈현재 열 이름〉 〈새 열 이름〉 〈자료형〉;
= ALTER TABLE 〈테이블 이름〉 CHANGE 〈현재 열 이름〉 〈새 열 이름〉 〈자료형〉;
```

```
alter table students
change id sid int auto_increment;
```

위의 질의문을 실행하면 기존의 'id'라는 열 이름이 'sid'로 바뀌어 있는 것을 보게 될 것이다.

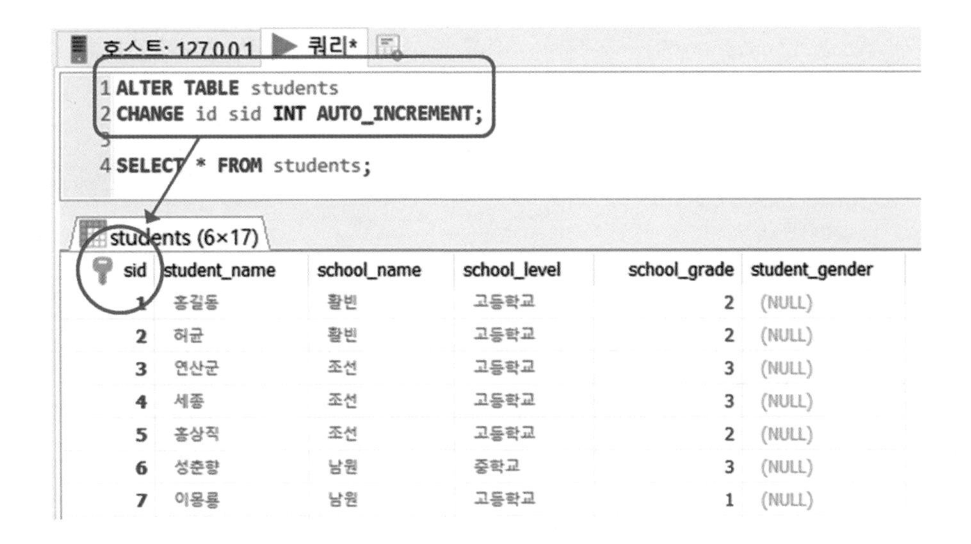

sid	student_name	school_name	school_level	school_grade	student_gender
1	홍길동	활빈	고등학교	2	(NULL)
2	허균	활빈	고등학교	2	(NULL)
3	연산군	조선	고등학교	3	(NULL)
4	세종	조선	고등학교	3	(NULL)
5	홍상직	조선	고등학교	2	(NULL)
6	성춘향	남원	중학교	3	(NULL)
7	이몽룡	남원	고등학교	1	(NULL)

4-17. UPDATE

DB를 운영하다 보면 데이터를 수정해야 하는 일이 빈번하게 발생한다. 입력 오류가 원인일 수도 있지만, 주소지의 변경이라든가 전화번호나 소속기관의 변경 등은 언제든지 일어날 수 있는 일이기 때문이다. 이렇게 이미 저장된 데이터값을 변경할 때 사용하는 것이 바로 'UPDATE' 질의어다. UPDATE 질의어는 다음과 같은 구문 규칙을 따른다.

```
UPDATE 〈테이블 이름〉
SET 〈열 이름.1〉 = 〈데이터값.1〉, 〈열 이름.2〉 = 〈데이터값.2〉…
WHERE 〈조건식〉;
```

그럼 지금까지 NULL 값으로 방치되어 있던 학생의 성별(student_gender)에 데이터를 입력해보자.

```
update students
set student_gender='남자'
where sid=1;
```

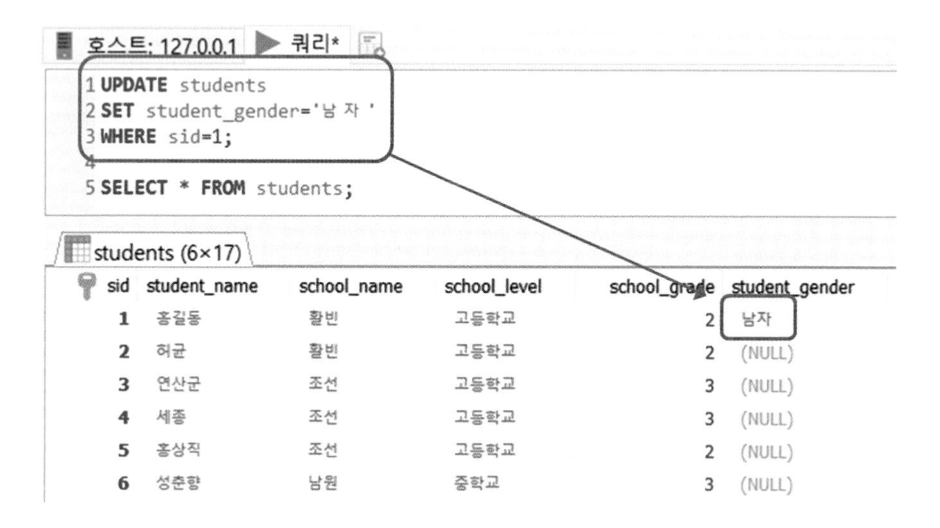

단, UPDATE 문을 사용할 때 WHERE 조건문에 특히 신경을 써야 한다. WHERE 조건문을 빼먹을 경우, 지정한 열의 모든 데이터값이 한꺼번에 바뀌기 때문이다. 다음과 같은 경우에는 예기치 않은 결과가 일어날 수 있다.

```
update students
set student_gender='남자';
```

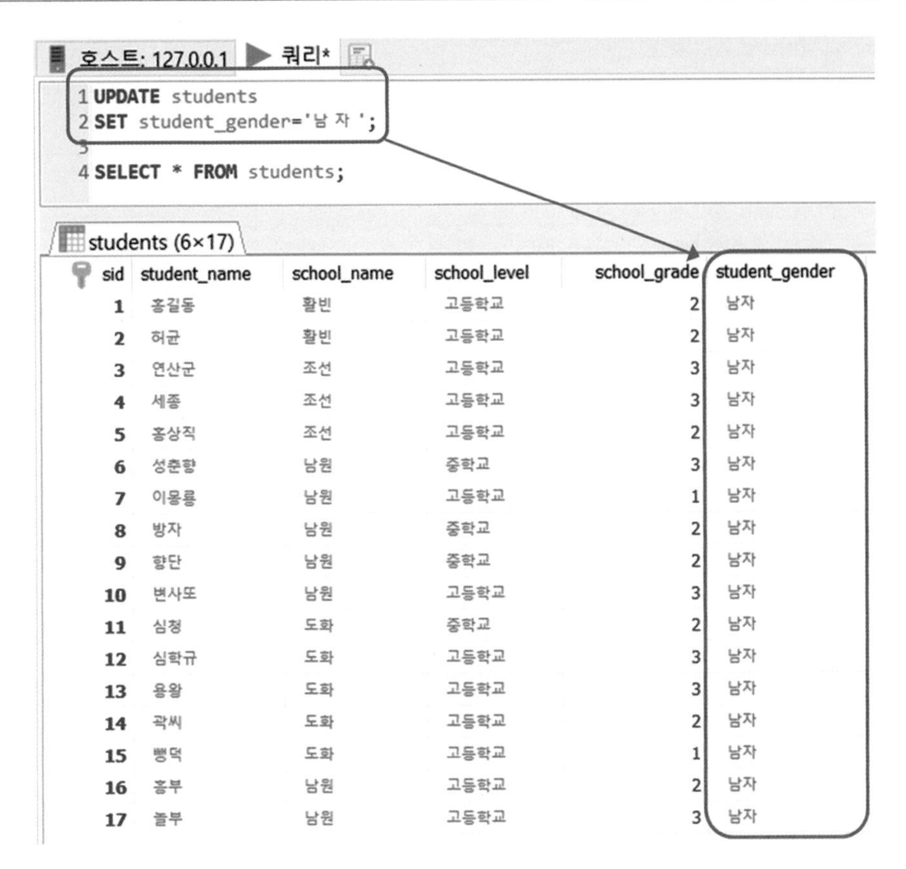

sid	student_name	school_name	school_level	school_grade	student_gender
1	홍길동	활빈	고등학교	2	남자
2	허균	활빈	고등학교	2	남자
3	연산군	조선	고등학교	3	남자
4	세종	조선	고등학교	3	남자
5	홍상직	조선	고등학교	2	남자
6	성춘향	남원	중학교	3	남자
7	이몽룡	남원	고등학교	1	남자
8	방자	남원	중학교	2	남자
9	향단	남원	중학교	2	남자
10	변사또	남원	고등학교	3	남자
11	심청	도화	중학교	2	남자
12	심학규	도화	고등학교	3	남자
13	용왕	도화	고등학교	3	남자
14	곽씨	도화	고등학교	2	남자
15	뺑덕	도화	고등학교	1	남자
16	흥부	남원	고등학교	2	남자
17	놀부	남원	고등학교	3	남자

하지만 하나의 열의 모든 데이터값을 한번에 바꾸고자 한다면 이 방법이 유용하게 사용될 수도 있다.

우리는 이제 각각의 데이터값을 하나씩 바꾸는 방법과 모든 데이터값을 한꺼번에 바꾸는 방법을 알게 되었다. 그렇다면 원하는 필드의 데이터값만 골라서 바꾸는 방법은 없을까? WHERE 조건문을 활용하면 된다. 다음을 보자.

```
update students
set student_gender='여자'
where sid=6 or sid=9 or sid=11 or sid=14 or sid=15;
```

앞의 질의문을 실행하면 sid가 6, 9, 11, 14, 15인 열의 성별(student_gender)만 '여자'로 바뀌게 될 것이다.

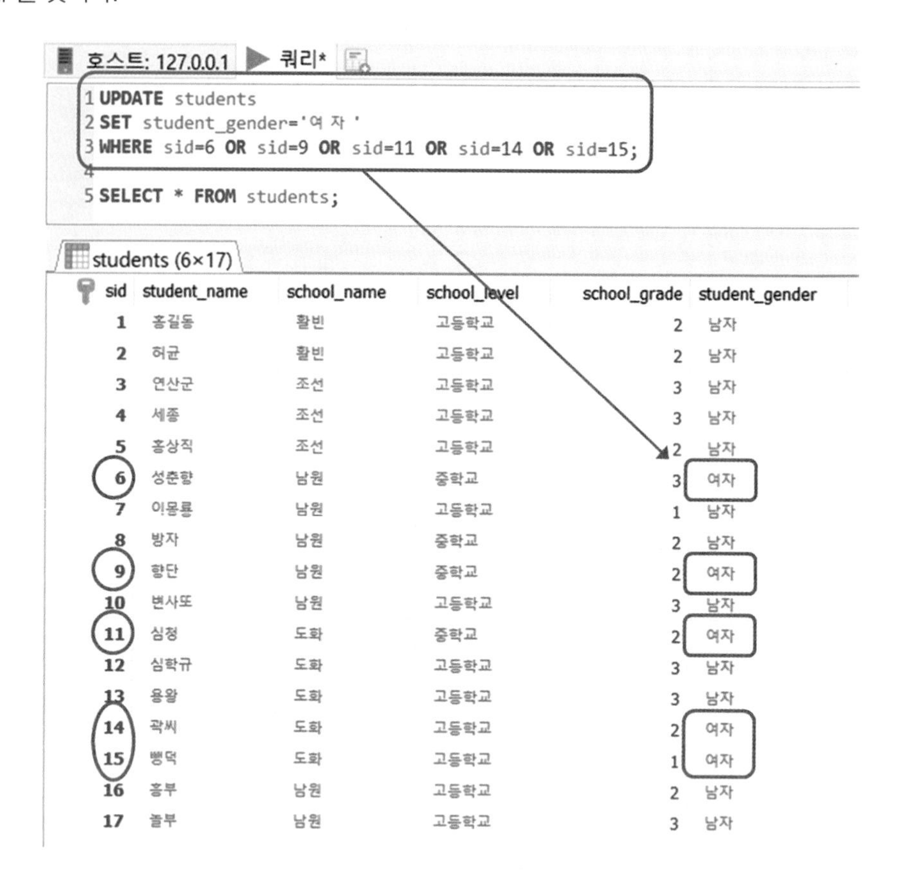


```
1 UPDATE students
2 SET student_gender='여자'
3 WHERE sid=6 OR sid=9 OR sid=11 OR sid=14 OR sid=15;
4
5 SELECT * FROM students;
```

sid	student_name	school_name	school_level	school_grade	student_gender
1	홍길동	활빈	고등학교	2	남자
2	허균	활빈	고등학교	2	남자
3	연산군	조선	고등학교	3	남자
4	세종	조선	고등학교	3	남자
5	홍상직	조선	고등학교	2	남자
6	성춘향	남원	중학교	3	여자
7	이몽룡	남원	고등학교	1	남자
8	방자	남원	중학교	2	남자
9	향단	남원	중학교	2	여자
10	변사또	남원	고등학교	3	남자
11	심청	도화	중학교	2	여자
12	심학규	도화	고등학교	3	남자
13	용왕	도화	고등학교	3	남자
14	곽씨	도화	고등학교	2	여자
15	뺑덕	도화	고등학교	1	여자
16	흥부	남원	고등학교	2	남자
17	놀부	남원	고등학교	3	남자

UPDATE 구문을 사용할 때 SET 키워드 뒤에 제시하는 새로운 데이터값에는 특별한 순서가 없다. 데이터가 입력될 열의 이름을 정확하게 제시해주기만 하면 된다.

즉, UPDATE employees SET salary=150, name='문과장' WHERE id=5;와
UPDATE employees SET name='문과장', salary=150 WHERE id=5;는 같은 역할을 수행할 것이다.

DB 용어 정리 7

ALTER vs. UPDATE

ALTER 문이 테이블의 구조를 수정하는 것이라면, UPDATE 문은 테이블에 저장된 데이터를 수정하는 데 사용한다.

4-18. DELETE

DELETE 문은 테이블에 존재하는 레코드를 삭제할 때 사용한다. 하나의 필드에 존재하는 데이터를 삭제하는 것이 아닌 하나의 행(row) 전체 즉, 레코드를 삭제하는 것이다.

```
DELETE FROM 〈테이블 이름〉 WHERE 〈조건〉;
```

다음 질의문을 실행하면 '뺑덕'이라는 이름을 가진 학생의 레코드가 삭제되는 것을 확인할 수 있을 것이다.

```
delete from students where student_name='뺑덕';
```

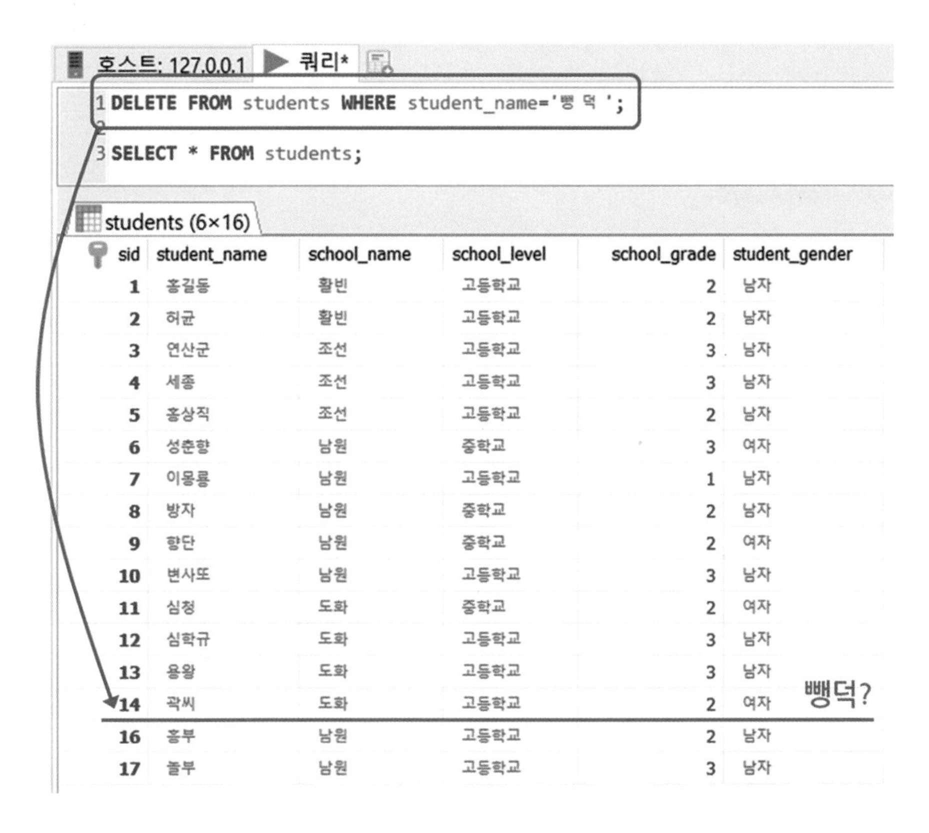

sid	student_name	school_name	school_level	school_grade	student_gender
1	홍길동	활빈	고등학교	2	남자
2	허균	활빈	고등학교	2	남자
3	연산군	조선	고등학교	3	남자
4	세종	조선	고등학교	3	남자
5	홍상직	조선	고등학교	2	남자
6	성춘향	남원	중학교	3	여자
7	이몽룡	남원	고등학교	1	남자
8	방자	남원	중학교	2	남자
9	향단	남원	중학교	2	여자
10	변사또	남원	고등학교	3	남자
11	심청	도화	중학교	2	여자
12	심학규	도화	고등학교	3	남자
13	용왕	도화	고등학교	3	남자
14	곽씨	도화	고등학교	2	여자
16	흥부	남원	고등학교	2	남자
17	놀부	남원	고등학교	3	남자

이렇게 하나의 레코드만 삭제하는 대신에 모든 레코드를 다 삭제하는 방법은 없을까? 이것은 의외로 간단해서 WHERE 조건문을 빼주기만 하면 된다. 즉, DELETE 문을 실행할 때

WHERE 문을 적어주지 않으면 모든 데이터와 레코드가 삭제됨으로 특히 주의해야 한다는 말이기도 하다.

```
delete from students;
```

위의 질의문을 실행하면 students 테이블에 있던 모든 레코드가 지워지게 될 것이다.

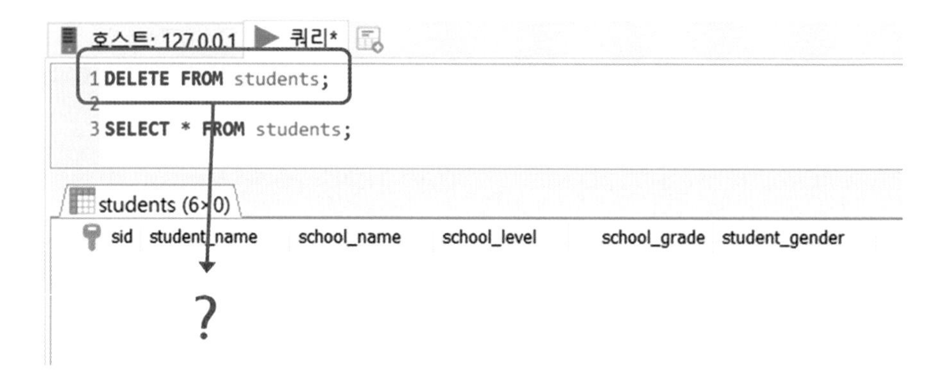

DB 용어 정리 8

DROP vs. DELETE

지금까지 무언가를 삭제할 때는 DROP이라는 키워드를 사용해왔다. DROP과 DELETE의 차이점은 'DROP'이 DB의 구조에 대한 변화 즉, DB 자체를 삭제하거나 테이블을 삭제, 혹은 열을 삭제하여 DB의 구조에 변화를 일으키는 반면, 'DELETE'는 DB나 테이블의 구조적인 변화를 일으키지 않고 단지 레코드(행)만을 삭제한다는 점이 다르다. SQL에서 데이터의 저장은 레코드 즉, 행의 형태로 이루어지기 때문에, 행을 삭제하는 것만으로 DB에 구조적인 변화까지 일어나지는 않는다.

이제 또 다른 질의어를 배우기 위해 데이터를 다시 입력할 필요가 있다. 이번에는 조금 더 많은 데이터를 추가하기 위해 필드 역시 추가하도록 하겠다. 이를 위해 다음 질의문을 실행하기 바란다.

```
alter table students
add student_age int;
```

```
alter table students
add is_enrolled tinyint;

alter table students
add enrolled_date date;

insert into students (student_name, school_name, school_level, school_
grade, student_gender, student_age, is_enrolled, enrolled_date)
values ('홍길동', '활빈', '고등학교', 2, '남자', 16, 1, 20180201),
       ('허균', '활빈', '고등학교', 2, '남자', 32, 1, 20180201),
       ('연산군', '조선', '고등학교', 3, '남자', 36, 0, 20170528),
       ('세종', '조선', '고등학교', 3, '남자', 42, 1, 20170601),
       ('홍상직', '조선', '고등학교', 2, '남자', 40, 0, 20180504),
       ('성춘향', '남원', '중학교', 3, '여자', 15, 1, 20190216),
       ('이몽룡', '남원', '고등학교', 1, '남자', 17, 1, 20180415),
       ('방자', '남원', '중학교', 2, '남자', 18, 1, 20181121),
       ('향단', '남원', '중학교', 2, '여자', 16, 1, 20190303),
       ('변사또', '남원', '고등학교', 3, '남자', 38, 1, 20170119),
       ('심청', '도화', '중학교', 2, '여자', 15, 1, 20190201),
       ('심학규', '도화', '고등학교', 3, '남자', 33, 1, 20180407),
       ('용왕', '도화', '고등학교', 3, '남자', 299, 0, 20170804),
       ('곽씨', '도화', '고등학교', 2, '여자', 31, 1, 20180529),
       ('뺑덕', '도화', '고등학교', 1, '여자', 33, 1, 20180912),
       ('흥부', '남원', '고등학교', 2, '남자', 35, 1, 20170611),
       ('놀부', '남원', '고등학교', 3, '남자', 36, 1, 20170611);

select * from students;
```

위의 질의문을 실행하면 기존의 테이블과 달라진 점을 하나 발견하게 될 것이다. 자동 증가(auto_increment)로 지정되었던 sid 열의 번호가 '1'이 아닌 '18'부터 시작한다는 점이다. 즉, 테이블에서 레코드가 삭제되더라도 자동 증가(auto_increment)에 의해 계산되고 있던 값까지 삭제되는 것은 아니라는 뜻이다.

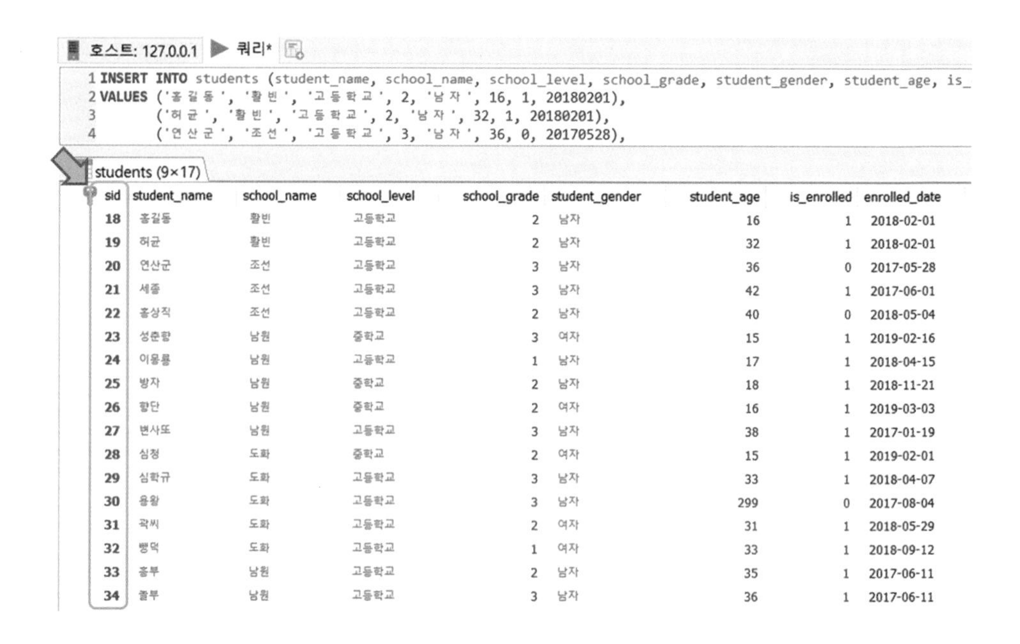

sid	student_name	school_name	school_level	school_grade	student_gender	student_age	is_enrolled	enrolled_date
18	홍길동	활빈	고등학교	2	남자	16	1	2018-02-01
19	허균	활빈	고등학교	2	남자	32	1	2018-02-01
20	연산군	조선	고등학교	3	남자	36	0	2017-05-28
21	세종	조선	고등학교	3	남자	42	1	2017-06-01
22	홍상직	조선	고등학교	2	남자	40	0	2018-05-04
23	성춘향	남원	중학교	3	여자	15	1	2019-02-16
24	이몽룡	남원	고등학교	1	남자	17	1	2018-04-15
25	방자	남원	중학교	2	남자	18	1	2018-11-21
26	향단	남원	중학교	2	여자	16	1	2019-03-03
27	변사또	남원	고등학교	3	남자	38	1	2017-01-19
28	심청	도화	중학교	2	여자	15	1	2019-02-01
29	심학규	도화	고등학교	3	남자	33	1	2018-04-07
30	용왕	도화	고등학교	3	남자	299	0	2017-08-04
31	곽씨	도화	고등학교	2	여자	31	1	2018-05-29
32	뺑덕	도화	고등학교	1	여자	33	1	2018-09-12
33	흥부	남원	고등학교	2	남자	35	1	2017-06-11
34	놀부	남원	고등학교	3	남자	36	1	2017-06-11

4-19. LIKE, NOT LIKE

여기서부터는 WHERE 문을 조금 더 정교하게 사용하는 방법에 대해 알아보려 한다. 앞에서 언급했듯이 WHERE 문에는 다양한 연산을 함께 사용할 수 있는데, 이렇게 함으로써 자신이 원하는 데이터에 더 정확하게 접근할 수 있다.

자신이 찾아야 하는 데이터값을 정확하게 모르거나, 일부만 알고 있는 경우 'LIKE' 혹은 'NOT LIKE' 연산자는 적지 않은 도움을 줄 것이다. 다음 질의문은 학교 이름이 '도'로 시작하는 데이터를 가진 레코드만을 찾아서 보여줄 것이다.

```
select * from students where school_name like '도%';
```

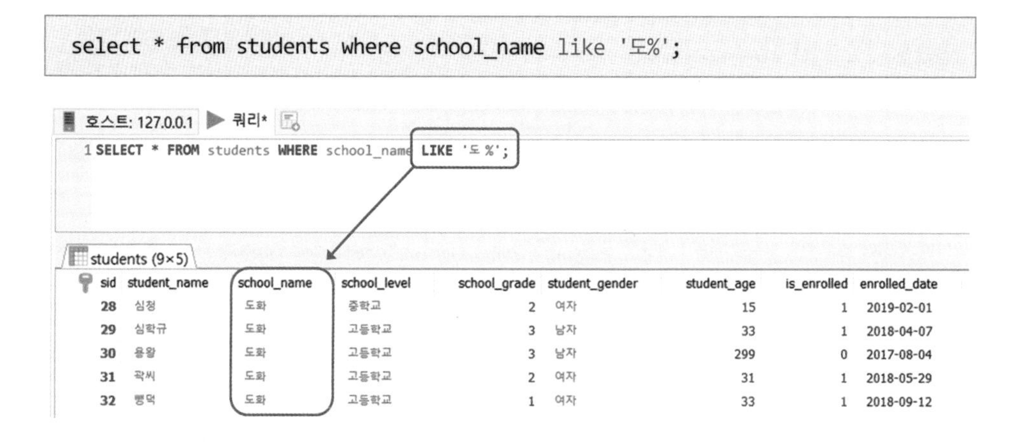

sid	student_name	school_name	school_level	school_grade	student_gender	student_age	is_enrolled	enrolled_date
28	심청	도화	중학교	2	여자	15	1	2019-02-01
29	심학규	도화	고등학교	3	남자	33	1	2018-04-07
30	용왕	도화	고등학교	3	남자	299	0	2017-08-04
31	곽씨	도화	고등학교	2	여자	31	1	2018-05-29
32	뺑덕	도화	고등학교	1	여자	33	1	2018-09-12

LIKE 연산자와 달리 NOT LIKE 연산자는 조건에 부합하는 값을 가지고 있지 않은 레코드만을 보여준다.

```
select * from students where school_name not like '도%';
```

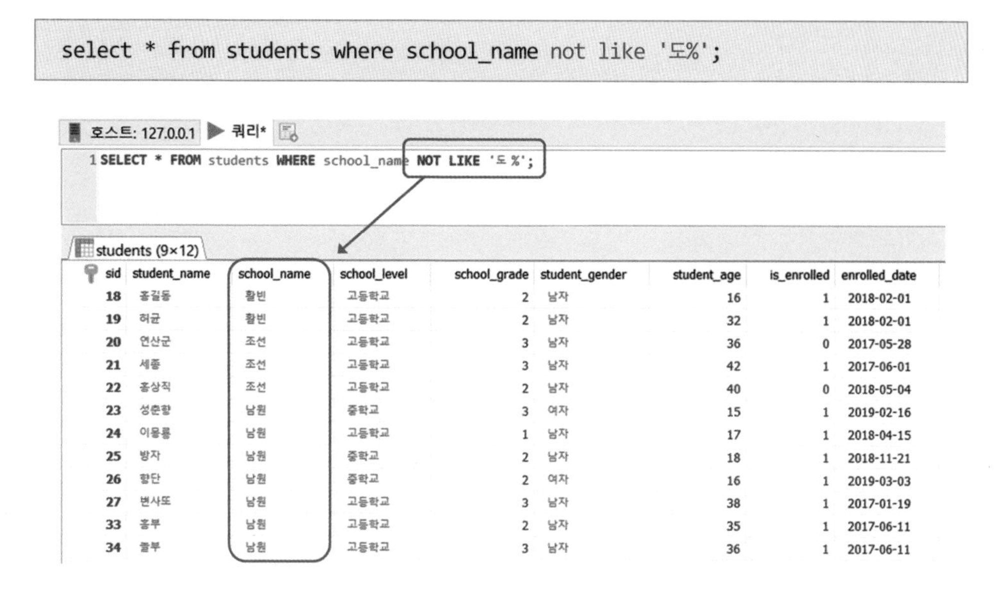

호스트: 127.0.0.1 ▶ 쿼리*

```
1 SELECT * FROM students WHERE school_name NOT LIKE '도%';
```

students (9×12)

sid	student_name	school_name	school_level	school_grade	student_gender	student_age	is_enrolled	enrolled_date
18	홍길동	활빈	고등학교	2	남자	16	1	2018-02-01
19	허균	활빈	고등학교	2	남자	32	1	2018-02-01
20	연산군	조선	고등학교	3	남자	36	0	2017-05-28
21	세종	조선	고등학교	3	남자	42	1	2017-06-01
22	홍상직	조선	고등학교	2	남자	40	0	2018-05-04
23	성춘향	남원	중학교	3	여자	15	1	2019-02-16
24	이몽룡	남원	고등학교	1	남자	17	1	2018-04-15
25	방자	남원	중학교	2	남자	18	1	2018-11-21
26	향단	남원	중학교	2	여자	16	1	2019-03-03
27	변사또	남원	고등학교	3	남자	38	1	2017-01-19
33	흥부	남원	고등학교	2	남자	35	1	2017-06-11
34	놀부	남원	고등학교	3	남자	36	1	2017-06-11

그림에서 보다시피 결과 화면에서 '도'로 시작하는 데이터가 없음을 알 수 있다.

다음 질의문은 school_level 필드에 저장된 문자열 데이터 중 네 글자이면서, 그 값이 '고'로 시작하여 '학교'로 끝나는 데이터만을 반환할 것이다.

```
select * from students where school_level like '고_학교';
```

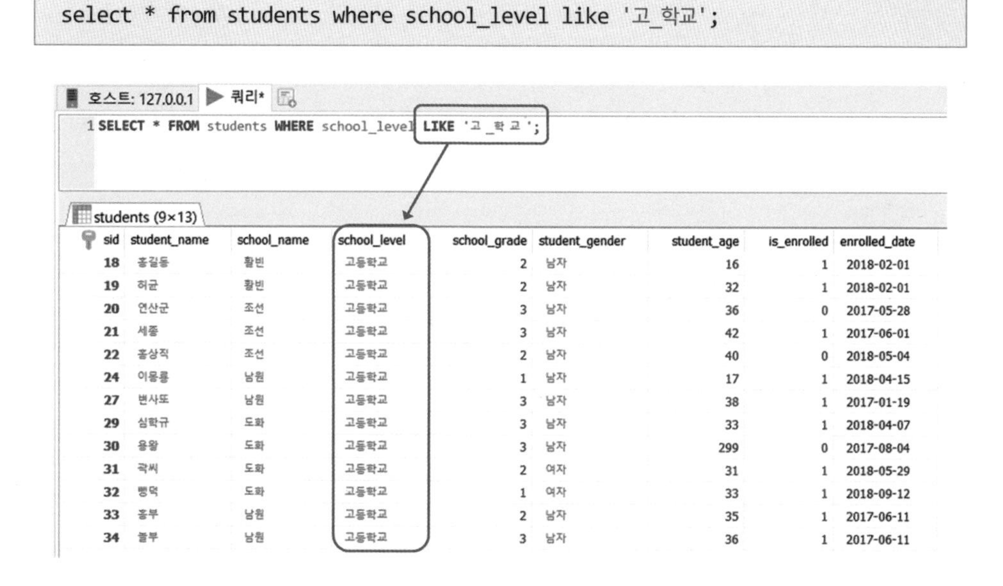

호스트: 127.0.0.1 ▶ 쿼리*

```
1 SELECT * FROM students WHERE school_level LIKE '고_학교';
```

students (9×13)

sid	student_name	school_name	school_level	school_grade	student_gender	student_age	is_enrolled	enrolled_date
18	홍길동	활빈	고등학교	2	남자	16	1	2018-02-01
19	허균	활빈	고등학교	2	남자	32	1	2018-02-01
20	연산군	조선	고등학교	3	남자	36	0	2017-05-28
21	세종	조선	고등학교	3	남자	42	1	2017-06-01
22	홍상직	조선	고등학교	2	남자	40	0	2018-05-04
24	이몽룡	남원	고등학교	1	남자	17	1	2018-04-15
27	변사또	남원	고등학교	3	남자	38	1	2017-01-19
29	심학규	도화	고등학교	3	남자	33	1	2018-04-07
30	용왕	도화	고등학교	3	남자	299	0	2017-08-04
31	곽씨	도화	고등학교	2	여자	31	1	2018-05-29
32	뺑덕	도화	고등학교	1	여자	33	1	2018-09-12
33	흥부	남원	고등학교	2	남자	35	1	2017-06-11
34	놀부	남원	고등학교	3	남자	36	1	2017-06-11

위의 조건식에 홑따옴표(' ')가 사용되고 있는데, 이는 검색해야 할 조건이 문자열이기 때문에 그런 것이고, 숫자일 때는 홑따옴표를 사용하지 않는다.

또한 영어에서 can't 같은 단어에 사용되는 '를 표현하기 위해서는 다음과 같이 홑따옴표를 두 번 이어서 ''처럼 사용하게 된다. ... where string = 'can''t';

여러분 중 도스(DOS)에 익숙한 사람은 위의 특수문자가 도스에서 사용하는 와일드카드 문자와 비슷하다는 사실을 눈치챘을 것이다. 맞다. '%' 는 도스의 '*'와 같은 기능을 수행하며, '_'는 도스의 '?'와 같은 기능을 수행한다. 모든 문자를 뜻한다는 면에서 '%'와 '_'는 같지만, '%'는 문자의 개수를 상관하지 않는 반면 '_'는 하나의 문자(한 글자)만을 의미한다는 점이 다르다.

따라서 'a%'는 America, Africa, Asia를 모두 포함하지만, 'a_'는 이 중 어떤 것도 포함하지 않는다. 왜냐하면 'a_'는 'a'로 시작하는 데이터 중 뒤에 한 글자만 더 있는 것(총 두 글자)을 지칭하기 때문이다. 따라서 'Asia'를 가리키기 위해서는 'a_ _ _'처럼 뒤에 세 개의 밑줄이 있어야 한다.

5. 비교연산자

이처럼 WHERE 문은 SQL에 있어 매우 강력하고 유용한 도구다. 이 도구를 좀 더 효과적으로 사용하기 위해서 SQL은 다음과 같은 비교연산자의 사용을 허용한다.

연산자	의미	예시
=	일치하는	... where customerID = 100;
!=	불일치하는 (<>와 동일)	... where customerName != 'Susan';
<>	불일치하는 (!=와 동일)	... where customerName <> 'Susan';
>	~보다 큰	... where price > 5000;
>=	~보다 크거나 같은	... where price >= 5000;
<	~보다 작은	... where price < 10000;
<=	~보다 작거나 같은	... where price <= 10000;
BETWEEN	주어진 범위 안에 있는	... where price between 5000 and 10000; *상품 가격이 5000과 10000 사이에 있는 레코드를 검색*
NOT BETWEEN	주어진 범위 밖에 있는	... where price not between 5000 and 10000; *상품 가격이 5000과 10000 사이에 있지 않은 레코드를 검색*
IN	주어진 열에 여러 조건을 제시할 때 사용	... where price in (3000, 5000, 10000); *상품 가격이 3000이거나 5000 혹은 10000인 레코드를 검색*
NOT IN	주어진 열에 여러 조건을 제시할 때 사용	... where price not in (3000, 5000); *상품 가격이 3000이거나 5000이 아닌 레코드를 검색*

LIKE	~와 같은	... where productName like '씨%'; *상품 이름이 '씨'로 시작하는 모든 레코드를 검색*
NOT LIKE	~와 같지 않은	... where productName not like '씨%'; *상품 이름이 '씨'로 시작하지 않은 모든 레코드 검색*
AND	~이면서 ~인	... where productName like '씨%' and price = 5000; *상품 이름이 '씨'로 시작하면서 동시에 가격이 5000인 레코드를 검색*
OR	~이거나 ~인	... where productName like '씨%' or price = 5000; *상품 이름이 '씨'로 시작하거나 가격이 5000인 레코드를 검색*

'IN'과 'NOT IN'의 경우 뒤따르는 조건식에는 반드시 괄호( )를 사용하고, 각각의 세부조건은 콤마(,)로 구분하고 있다는 사실에 주목하자.

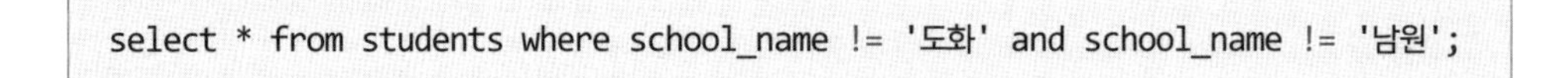

```
select * from students where school_name != '도화' and school_name != '남원';
```

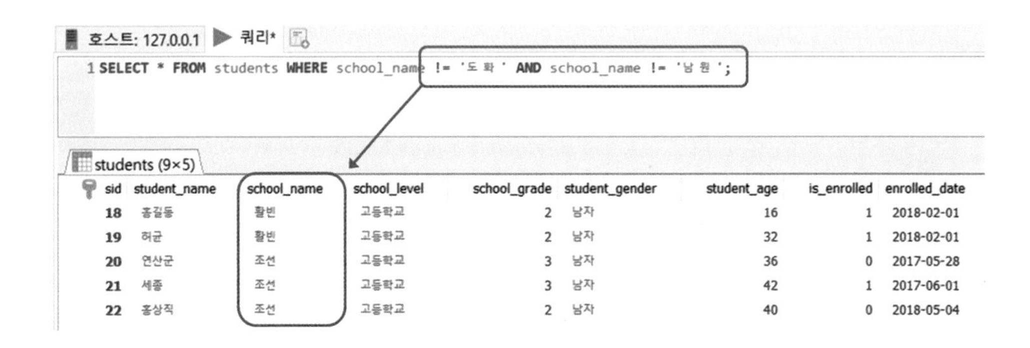

sid	student_name	school_name	school_level	school_grade	student_gender	student_age	is_enrolled	enrolled_date
18	홍길동	활빈	고등학교	2	남자	16	1	2018-02-01
19	허균	활빈	고등학교	2	남자	32	1	2018-02-01
20	연산군	조선	고등학교	3	남자	36	0	2017-05-28
21	세종	조선	고등학교	3	남자	42	1	2017-06-01
22	홍상직	조선	고등학교	2	남자	40	0	2018-05-04

위의 질의문은 학교 이름(school_name)이 '도화'이거나 '남원'인 경우를 제외한 결과값을 반환하고 있다.

=, != 연산자는 얼핏 보아 like, not like 연산자와 같아 보인다. 하지만 like, not like 연산자에는 '%', '_'와 같은 와일드카드를 사용할 수 있지만, '=', '!=' 연산자에는 와일드카드 문자를 사용할 수 없다는 중요한 차이점이 존재한다.

```
select * from students where student_age <= 30;
```

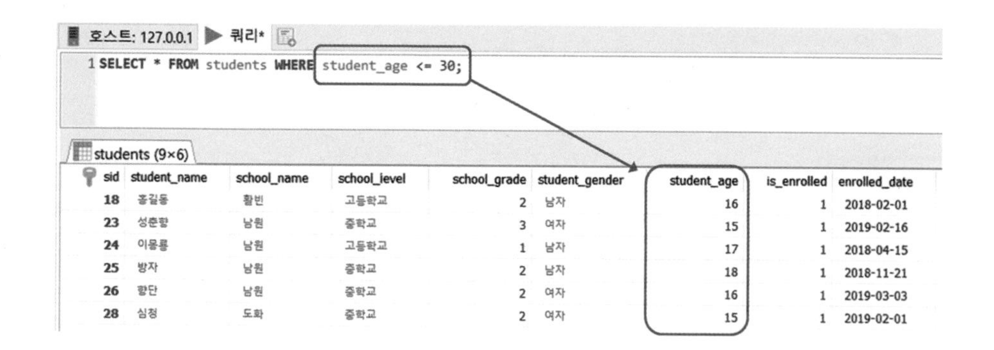

sid	student_name	school_name	school_level	school_grade	student_gender	student_age	is_enrolled	enrolled_date
18	홍길동	활빈	고등학교	2	남자	16	1	2018-02-01
23	성춘향	남원	중학교	3	여자	15	1	2019-02-16
24	이몽룡	남원	고등학교	1	남자	17	1	2018-04-15
25	방자	남원	중학교	2	남자	18	1	2018-11-21
26	향단	남원	중학교	2	여자	16	1	2019-03-03
28	심청	도화	중학교	2	여자	15	1	2019-02-01

위의 질의문은 학생의 나이(student_age)가 30보다 작은 값을 가지고 있는 레코드만을 보여준다.

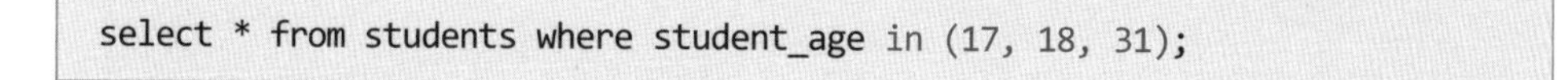

```
select * from students where student_age in (17, 18, 31);
```

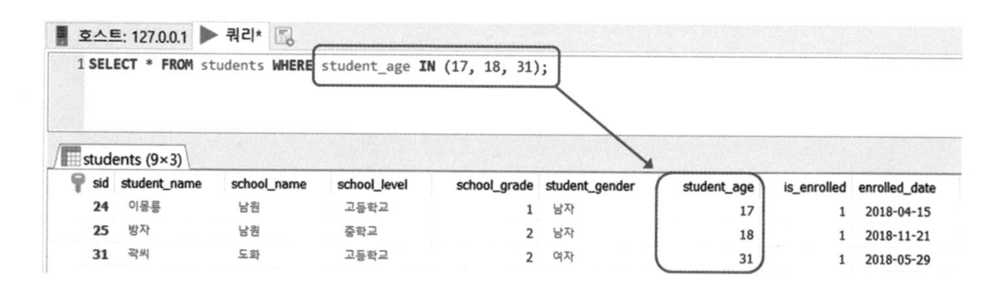

sid	student_name	school_name	school_level	school_grade	student_gender	student_age	is_enrolled	enrolled_date
24	이몽룡	남원	고등학교	1	남자	17	1	2018-04-15
25	방자	남원	중학교	2	남자	18	1	2018-11-21
31	곽씨	도화	고등학교	2	여자	31	1	2018-05-29

단순히 큰 값 (〉), 작은 값 (〈), 혹은 LIKE = '도_'처럼 조건을 제시하면 필요 이상으로 많은 정보가 반환될 수 있고, 이렇게 불필요한 데이터까지 반환된다면 DB를 운영할 이유가 없을 것이다. 그렇다고 해서 매번 = 연산자를 사용하게 되면 질의문의 길이가 너무 길어지는 불편함이 있을 것이다. 이럴 때 사용하는 것이 바로 'IN'과 'NOT IN' 연산자다. 즉, 'IN (...)' 연산자는 여러 개의 '='을, 'NOT IN (...)' 연산자는 여러 개의 '!='을 묶어 놓은 형태라고 생각할 수 있다. 따라서 다음과 같이 여러 개의 문자(열) 조건을 제시하는 것도 가능하다.

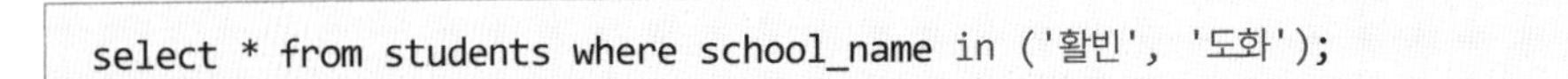

```
select * from students where school_name in ('활빈', '도화');
```

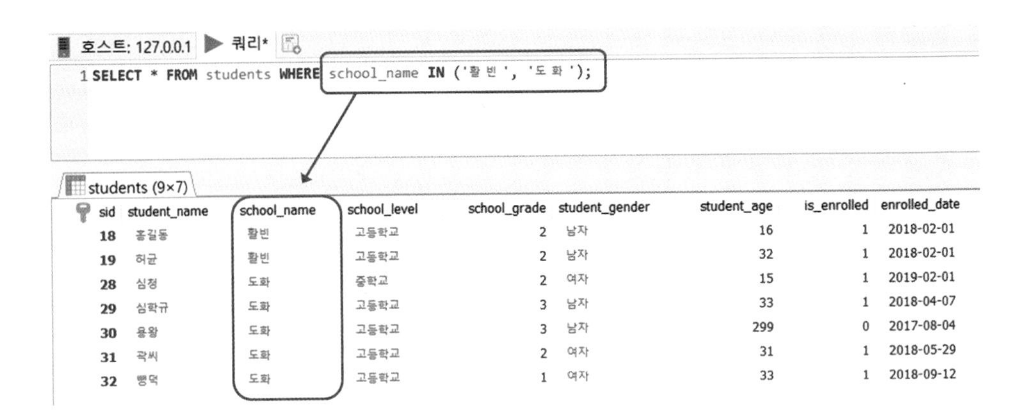

sid	student_name	school_name	school_level	school_grade	student_gender	student_age	is_enrolled	enrolled_date
18	홍길동	활빈	고등학교	2	남자	16	1	2018-02-01
19	허균	활빈	고등학교	2	남자	32	1	2018-02-01
28	심청	도화	중학교	2	여자	15	1	2019-02-01
29	심학규	도화	고등학교	3	남자	33	1	2018-04-07
30	용왕	도화	고등학교	3	남자	299	0	2017-08-04
31	곽씨	도화	고등학교	2	여자	31	1	2018-05-29
32	뺑덕	도화	고등학교	1	여자	33	1	2018-09-12

다음 질의문은 30대인 학생들의 레코드만을 반환받기 위해 조건의 범위를 제시하는 BETWEEN 키워드를 사용하고 있다.

```
select * from students where school_name between 30 and 39;
```

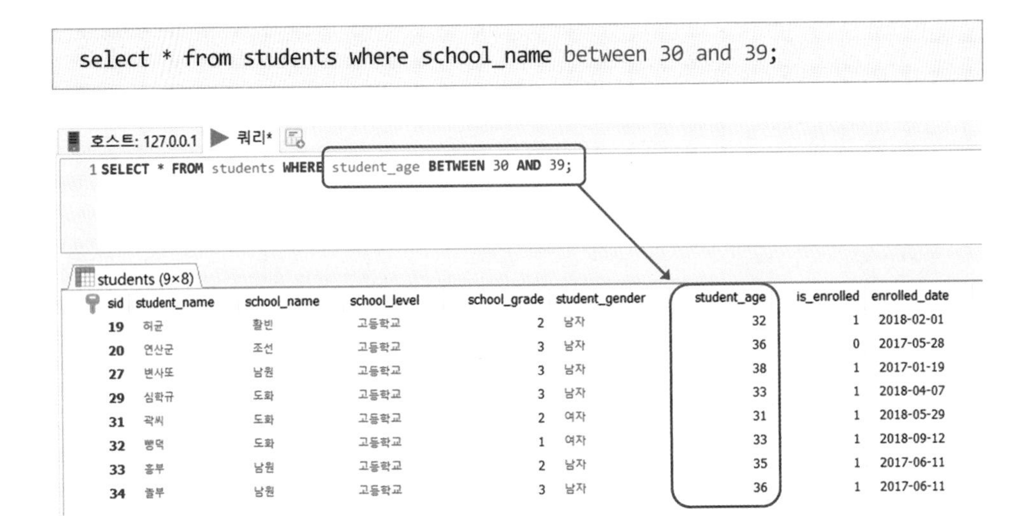

sid	student_name	school_name	school_level	school_grade	student_gender	student_age	is_enrolled	enrolled_date
19	허균	활빈	고등학교	2	남자	32	1	2018-02-01
20	연산군	조선	고등학교	3	남자	36	0	2017-05-28
27	변사또	남원	고등학교	3	남자	38	1	2017-01-19
29	심학규	도화	고등학교	3	남자	33	1	2018-04-07
31	곽씨	도화	고등학교	2	여자	31	1	2018-05-29
32	뺑덕	도화	고등학교	1	여자	33	1	2018-09-12
33	흥부	남원	고등학교	2	남자	35	1	2017-06-11
34	놀부	남원	고등학교	3	남자	36	1	2017-06-11

뿐만 아니라, 다음과 같이 여러 종류의 조건을 함께 사용하는 것도 가능하다.

```
select * from students where (school_name = '조선' or school_name = '남원')
and student_age not between 10 and 19;
```

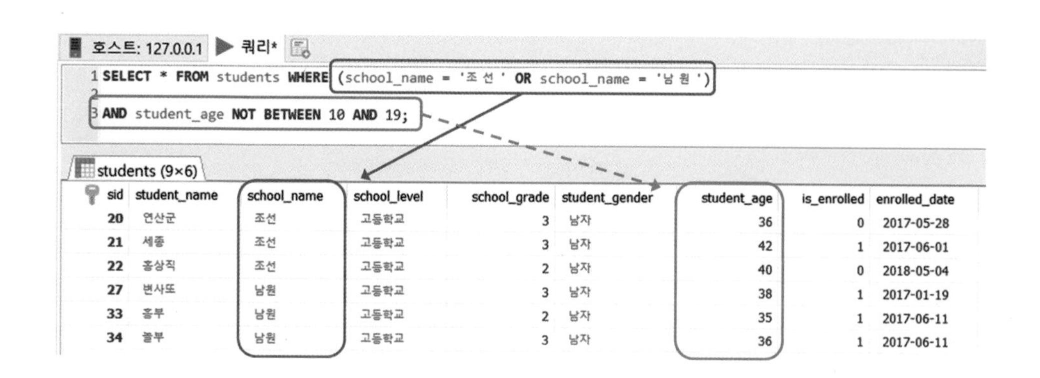

sid	student_name	school_name	school_level	school_grade	student_gender	student_age	is_enrolled	enrolled_date
20	연산군	조선	고등학교	3	남자	36	0	2017-05-28
21	세종	조선	고등학교	3	남자	42	1	2017-06-01
22	홍상직	조선	고등학교	2	남자	40	0	2018-05-04
27	변사또	남원	고등학교	3	남자	38	1	2017-01-19
33	흥부	남원	고등학교	2	남자	35	1	2017-06-11
34	놀부	남원	고등학교	3	남자	36	1	2017-06-11

위의 질의문은 학교 이름이 '조선' 혹은 '남원'인 학생 중 10대가 아닌 학생의 레코드만을 반환할 것이다. 특히 눈여겨볼 것은 괄호( )를 통해 조건의 우선순위를 주고 있다는 점이다. 다른 조건보다 먼저 고려해야 하는 것이 있다면 위에서처럼 괄호( )로 묶어주면 된다.

이처럼 테이블에 저장된 데이터에 다양한 조건을 부여하여 원하는 레코드만을 가져올 수 있는 것이 바로 DB를 운영하는 목적이고 편리성이라고 할 수 있다.

6. 산술연산자

DB는 데이터를 저장하고 불러오는 것만 가능할까? 물론 그것이 주요 기능이고 DB가 존재하는 이유다. 뿐만 아니라 DB에 저장된 데이터값을 불러와서 연산하는 것은 대부분의 경우 별도의 프로그램을 통해서 이루어지는 것도 사실이다. 하지만 테이블에 저장된 데이터값이 정수형, 실수형 등의 숫자형 데이터라면, SQL에서 제공하는 연산자를 이용하여 기본적인 산술연산 정도를 하는 것은 나쁠 것이 없다. 여기서 기본적인 산술연산이란, 가감승제와 나머지(모듈러) 계산 즉, 더하기(+), 빼기(-), 곱하기(*), 나누기(/)와 나머지 값 계산(%)을 의미한다.

```
select student_name, school_grade +1, student_age -10 from students;
```

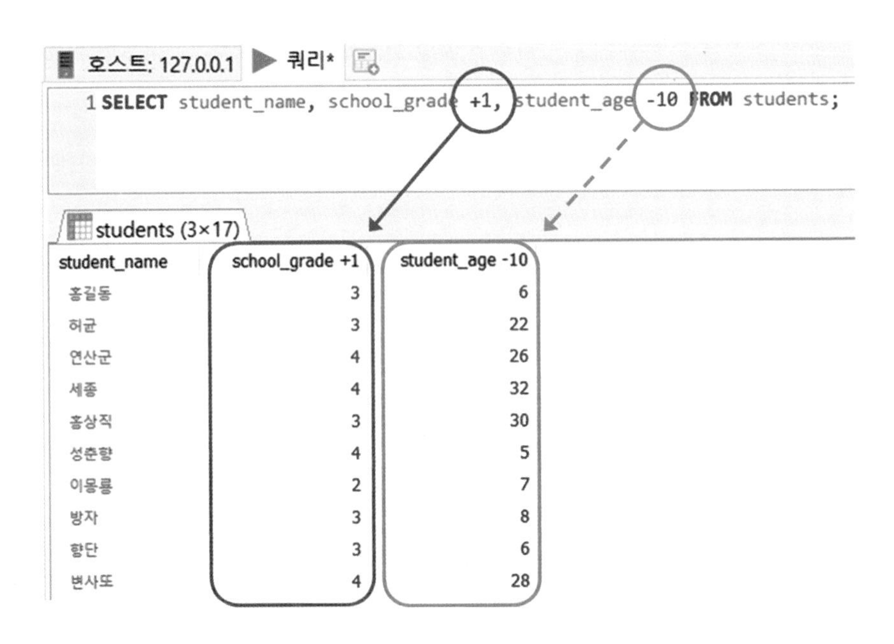

student_name	school_grade +1	student_age -10
홍길동	3	6
허균	3	22
연산군	4	26
세종	4	32
홍상직	3	30
성춘향	4	5
이몽룡	2	7
방자	3	8
향단	3	6
변사또	4	28

위의 질의문을 실행하면 학생들의 학년이 1씩 증가하는 반면, 학생들의 나이는 10살씩 줄어드는 것을 볼 수 있다. 다만, 실제로 데이터값을 수정하는 UPDATE 문과 달리 산술연산자를 사용하는 경우에는 데이터값의 실질적인 변화는 일어나지 않고, 단순히 출력 결과에만 영향을 미친다는 사실을 기억해야 한다.

다음은 각각의 산술연산이 어떤 결과값을 반환하는지 보여주고 있다.

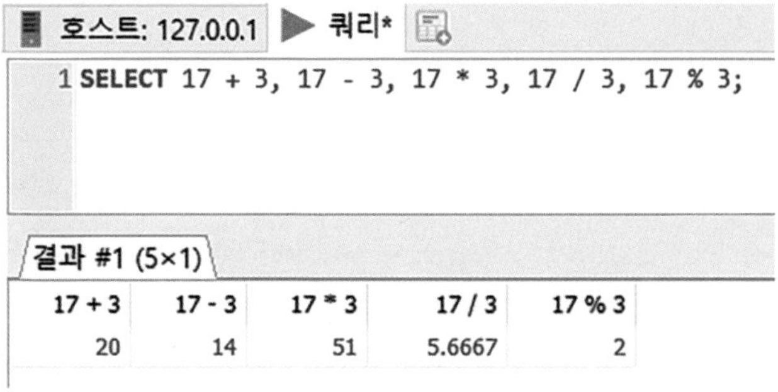

호스트: 127.0.0.1 ▶ 쿼리*

```
1 SELECT 17 + 3, 17 - 3, 17 * 3, 17 / 3, 17 % 3;
```

결과 #1 (5×1)

17 + 3	17 - 3	17 * 3	17 / 3	17 % 3
20	14	51	5.6667	2

나머지를 계산하는 모듈러 연산자(%)의 의미는 17을 3으로 나누었을 때의 값 '3 * 5 = 15' 즉, 17에서 15를 제외한 나머지가 '2'라는 뜻이다.

간단한 산술연산 외에도 SQL은 다양한 함수를 제공하고 있다. 이러한 함수를 이용하여 데이터에 직접적인 연산을 가하는 것이 가능하다. 함수를 사용할 때에는 해당 함수에 적용을 받는 필드명을 괄호( ) 안에 지정해주거나, 데이터값을 직접 넣어주게 된다. 다음 장에서는 자주 사용되는 함수들을 공부해보자.

함수를 공부하기에 앞서 'tests'라는 이름의 테이블을 추가하도록 하자.

```
create table tests
(
      tid                    int              auto_increment,
      student_name           varchar (20),
      is_taken               tinyint (1),
      test_date              date,
      korean                 int unsigned,
      english                int unsigned,
      math                   int unsigned,
      history                int unsigned,
      primary key (tid)
);

insert into tests (student_name, is_taken, test_date, korean, english,
math, history)
values ('홍길동', 1, 20191211, 65, 83, 43, 100),
```

```
        ('허균', 0, 20191211, 0, 0, 0, 0),
        ('연산군', 0, 20191211, 0, 0, 0, 0),
        ('세종', 1, 20191211, 100, 67, 88, 100),
        ('홍상직', 1, 20191211, 67, 67, 60, 78),
        ('성춘향', 1, 20191211, 96, 100, 94, 90),
        ('이몽룡', 1, 20191211, 100, 96, 98, 100),
        ('방자', 1, 20191211, 80, 50, 40, 60),
        ('향단', 1, 20191211, 78, 77, 64, 40),
        ('변사또', 1, 20191211, 82, 88, 78, 100),
        ('심청', 1, 20191211, 93, 82, 84, 98),
        ('심학규', 0, 20191211, 0, 0, 0, 0),
        ('용왕', 1, 20191211, 100, 100, 100, 100),
        ('곽씨', 1, 20191211, 100, 88, 98, 100),
        ('뺑덕', 1, 20191211, 45, 33, 42, 40),
        ('흥부', 1, 20191211, 83, 79, 100, 90),
        ('놀부', 1, 20191211, 98, 100, 88, 94),
        ('현진건', 1, 20191211, 100, 96, 72, 100),
        ('염상섭', 1, 20191211, 100, 100, 71, 96),
        ('신채호', 1, 20191211, 100, 98, 100, 100);

select * from tests;
```

7. 함수

7-1. 문자형 함수

함수	예시
CHARACTER_LENGTH	지정한 문자(열)가 몇 글자인지 계산하여 반환한다. *구문 규칙: CHARACTER_LENGTH(문자(열))*
CHAR_LENGTH	지정한 문자(열)가 몇 글자인지 계산하여 반환한다. ** CHARACTER_LENGTH와 같은 구문과 기능을 수행한다.*
LENGTH	지정한 문자(열)의 길이가 몇 바이트인지 계산하여 반환한다. *구문 규칙: LENGTH(문자(열))*
CONCAT	두 개 이상의 문자(열)이나 표현식을 하나로 묶어준다. *구문 규칙: CONCAT(열 이름.1, 열 이름.2, 열 이름.3, ...)*
CONCAT_WS	두 개 이상의 문자(열)이나 표현식을 구분자(seperator)를 이용하여 묶어준다. *구문 규칙: CONCAT_WS(구분자, 열 이름.1, 열 이름.2, 열 이름.3, ...)*
LCASE	지정한 문자(열)를 소문자로 변환한다. *구문 규칙: LCASE(문자(열) 혹은 열 이름)*
LOWER	지정한 문자(열)를 소문자로 변환한다. ** LCASE와 같은 구문과 기능을 수행한다.*
UCASE	지정한 문자(열)를 대문자로 변환한다. *구문 규칙: UCASE(문자(열) 혹은 열 이름)*
UPPER	지정한 문자(열)를 대문자로 변환한다. ** UCASE와 같은 기능을 수행한다.*
LEFT	문자열에서 지정한 수만큼의 문자를 추출한다. (왼쪽부터) *구문 규칙: LEFT(문자(열) 혹은 열 이름, 추출 문자 수)*
RIGHT	문자열에서 지정한 수만큼의 문자를 추출한다. (오른쪽부터) *구문 규칙: RIGHT(문자(열) 혹은 열 이름, 추출 문자 수)*

SUBSTRING	지정한 문자열에서 지정한 위치부터 지정한 길이의 문자(열)를 추출한다. *구문 규칙: SUBSTRING(문자(열) 혹은 열 이름, 시작 위치, 길이)*
SUBSTR	지정한 문자열에서 지정한 위치부터 지정한 길이의 문자(열)를 추출한다. ** SUBSTRING과 같은 기능을 수행한다.*

데이터에 문자가 아닌 다른 종류의 값이 존재한다면, 해당 문자는 UPPER이나 LOWER 함수에 영향을 받지 않는다. 그러나 다음 장에서 배울 SQRT, AVG, SUM, MIN, MAX와 같이 수를 계산하는 함수의 경우 문자(열)까지 계산의 범주에 넣기 때문에 뜻밖의 결과값이 나올 수 있다는 사실에 유의해야 한다.

아래 예시들은 이 중 몇몇 함수의 활용 사례를 보여주고 있다.

```
select * from tests where (char_length(student_name) <= 2);
```

위의 질의문은 테스트 테이블(tests)에 있는 학생 이름(student_name)을 검색해 이름이 두 글자 이하인 레코드를 반환할 것이다.

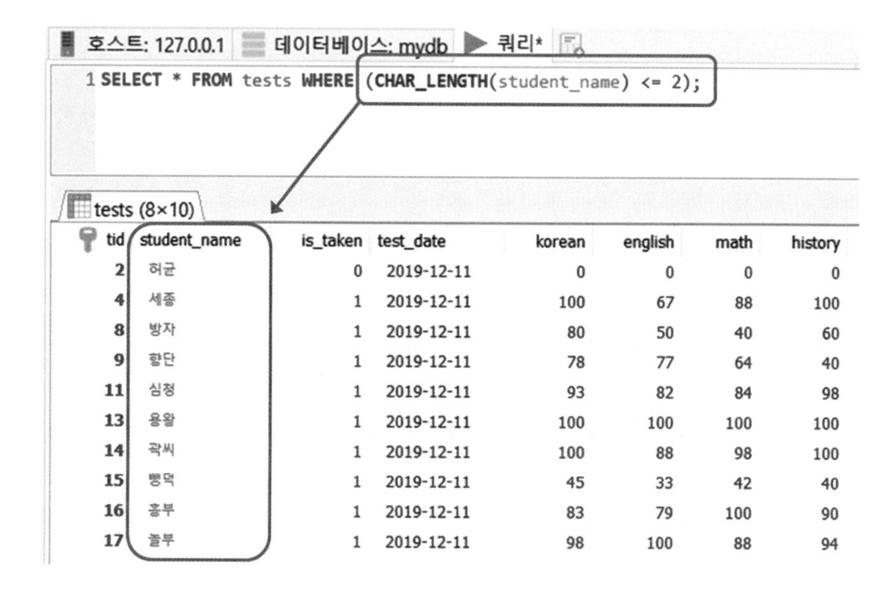

tid	student_name	is_taken	test_date	korean	english	math	history
2	허균	0	2019-12-11	0	0	0	0
4	세종	1	2019-12-11	100	67	88	100
8	방자	1	2019-12-11	80	50	40	60
9	향단	1	2019-12-11	78	77	64	40
11	심청	1	2019-12-11	93	82	84	98
13	용왕	1	2019-12-11	100	100	100	100
14	곽씨	1	2019-12-11	100	88	98	100
15	뺑덕	1	2019-12-11	45	33	42	40
16	흥부	1	2019-12-11	83	79	100	90
17	놀부	1	2019-12-11	98	100	88	94

이와는 달리 아래 질의문은 테스트 테이블(tests)의 학생 이름을 검색해 이름이 세 글자 이상인 레코드를 반환한다.

```
select * from tests where (char_length(student_name) > 2);
```

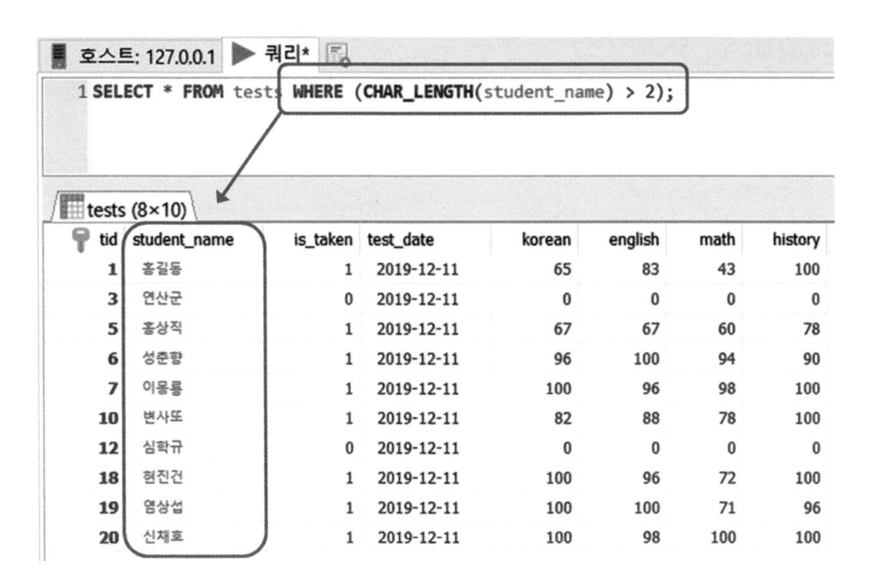

```
1 SELECT * FROM tests WHERE (CHAR_LENGTH(student_name) > 2);
```

tests (8×10)

tid	student_name	is_taken	test_date	korean	english	math	history
1	홍길동	1	2019-12-11	65	83	43	100
3	연산군	0	2019-12-11	0	0	0	0
5	홍상직	1	2019-12-11	67	67	60	78
6	성춘향	1	2019-12-11	96	100	94	90
7	이몽룡	1	2019-12-11	100	96	98	100
10	변사또	1	2019-12-11	82	88	78	100
12	심학규	0	2019-12-11	0	0	0	0
18	현진건	1	2019-12-11	100	96	72	100
19	염상섭	1	2019-12-11	100	100	71	96
20	신채호	1	2019-12-11	100	98	100	100

아래 질의문은 테스트 테이블(tests)에 저장된 각각의 학생 이름과 이것이 몇 자인지, 그리고 각각 몇 바이트인지를 보여준다.

```
select student_name, char_length(student_name), length(student_name) from
tests;
```

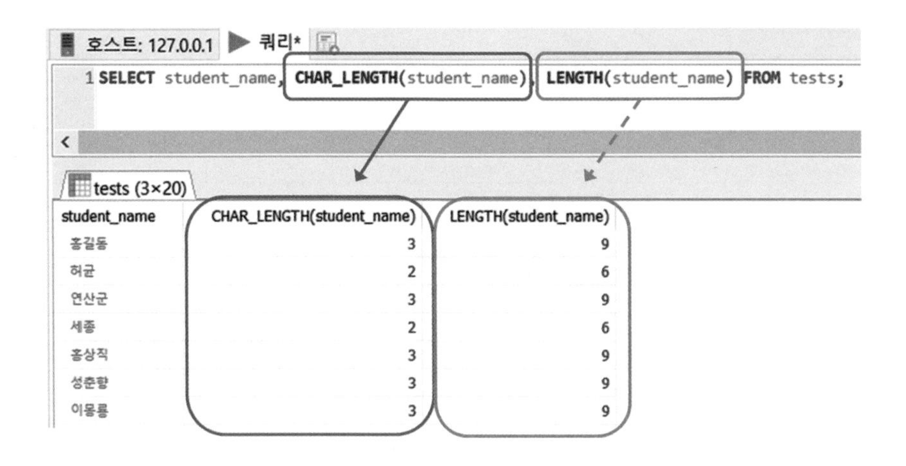

```
1 SELECT student_name, CHAR_LENGTH(student_name), LENGTH(student_name) FROM tests;
```

tests (3×20)

student_name	CHAR_LENGTH(student_name)	LENGTH(student_name)
홍길동	3	9
허균	2	6
연산군	3	9
세종	2	6
홍상직	3	9
성춘향	3	9
이몽룡	3	9

위의 결과값을 통해 한글의 한 글자는 3 바이트로 표현되는 것을 알 수 있다.

```
select concat(student_name, "학생의 수학 성적은", math, "점입니다.") from tests;
```

호스트: 127.0.0.1 ▶ 쿼리*

```
1 SELECT CONCAT(student_name, " 학생의 수학 성적은 ", math, "점입니다.") FROM tests;
```

결과 #1 (1×20)

CONCAT(student_name, " 학생의 수학 성적은 ", m...
홍길동 학생의 수학 성적은 43점입니다.
허균 학생의 수학 성적은 0점입니다.
연산군 학생의 수학 성적은 0점입니다.
세종 학생의 수학 성적은 88점입니다.
홍상직 학생의 수학 성적은 60점입니다.
성춘향 학생의 수학 성적은 94점입니다.
이몽룡 학생의 수학 성적은 98점입니다.

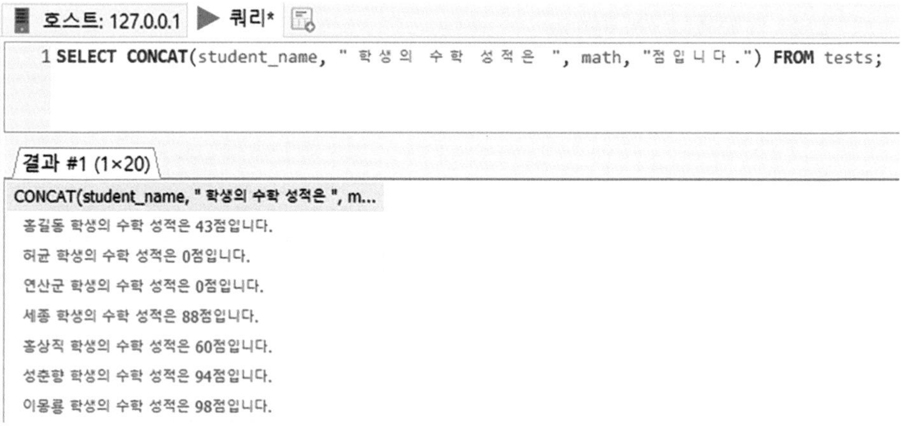

위에서 보는 것처럼 CONCAT 함수는 지정한 필드의 자료들을 미리 정해둔 형태로 반환받을 수 있기 때문에 상당히 많이 사용되는 함수 중 하나다. 이와 달리 CONCAT_WS 함수를 이용하면 함수의 첫 번째 매개변수에 구분자(seperator)를 지정해주어 좀 더 다른 결과값을 받아볼 수 있다.

```
select concat_ws('---', student_name, "학생의 수학 성적은", math, "점입니다.")
from tests;
```

호스트: 127.0.0.1 ▶ 쿼리*

```
1 SELECT CONCAT_WS('---', student_name, " 학생의 수학 성적은 ", math, "점입니다.") FROM tests;
```

결과 #1 (1×20)

CONCAT_WS('---', student_name, " 학생의 수학 ...
홍길동--- 학생의 수학 성적은 ---43---점입니다.
허균--- 학생의 수학 성적은 ---0---점입니다.
연산군--- 학생의 수학 성적은 ---0---점입니다.
세종--- 학생의 수학 성적은 ---88---점입니다.
홍상직--- 학생의 수학 성적은 ---60---점입니다.
성춘향--- 학생의 수학 성적은 ---94---점입니다.
이몽룡--- 학생의 수학 성적은 ---98---점입니다.

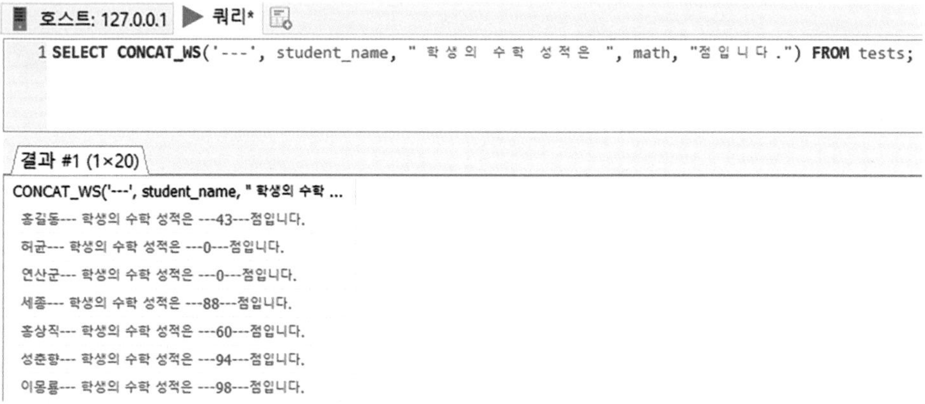

함수를 사용할 때 문자(열)의 지정은 겹따옴표(" ")와 홑따옴표(' ')를 모두 사용할 수 있으며, 다른 점은 없다.

```
select substr(student_name, 2, 1) from tests;
```

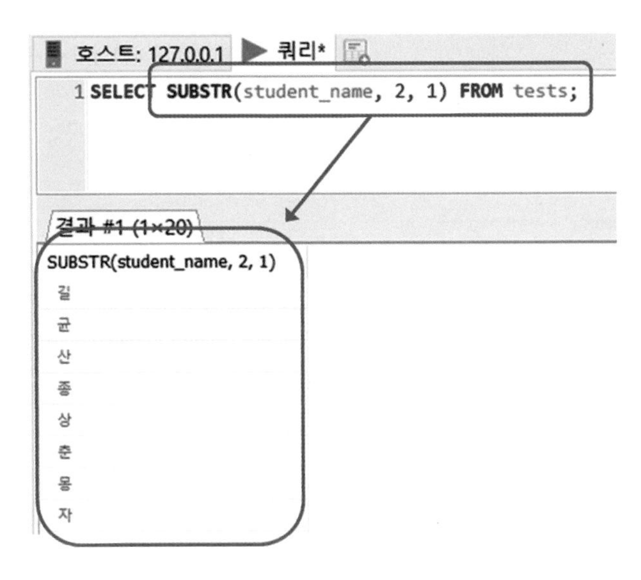

위의 질의문은 테스트 테이블(tests)에 있는 학생 이름(student_name)을 검색해서 2번째 글자 하나만 반환하도록 하고 있다. 필요하다면, 더 긴 문자열을 추출하는 것도 가능하다.

7-2. 숫자형 함수

함수	설명
ABS	지정한 수의 절대값을 반환한다. *구문 규칙: ABS(숫자)*
AVG	지정한 열의 평균값을 계산하여 반환한다. *구문 규칙: AVG(열 이름)*
COUNT	지정한 열에 저장된 데이터의 총 개수를 계산하여 반환한다. *구문 규칙: COUNT(열 이름)*
MOD	모듈러 연산자(%)와 마찬가지로 나머지 연산의 결과값을 반환한다. *구문 규칙: x MOD y 혹은 MOD(x, y) 혹은 x % y*
DIV	산술연산자 모듈러의 반대 개념으로, 나눗셈에서 몫의 정수값을 계산한다. *구문 규칙: x DIV y*

MAX	지정한 열에 저장된 데이터값 중 가장 큰 값을 반환한다. *구문 규칙: MAX(열 이름)*
MIN	지정한 열에 저장된 데이터값 중 가장 작은 값을 반환한다. *구문 규칙: MAX(열 이름)*
POWER	주어진 수에 대한 제곱근을 계산하여 값을 반환한다. *구문 규칙: POWER(x, y)*
POW	주어진 수에 대한 제곱근을 계산하여 값을 반환한다. ** POWER와 같은 기능을 수행한다.*
RAND	0보다 크고 1보다 작은 범위에서 랜덤 숫자를 생성한다. *구문 규칙: RAND(seed)* ** seed를 주는 것은 선택사항이다. 단, seed를 주면 같은 수를 반복해서 생성하고, seed를 주지 않으면 계속 다른 수를 생성한다.*
FLOOR	지정한 수보다 작거나 같은 최대 정수값을 반환한다. *구문 규칙: FLOOR(숫자)*
CEILING	지정한 수보다 크거나 같은 최소 정수값을 반환한다. *구문 규칙: CEILING(숫자)*
CEIL	지정한 수보다 크거나 같은 최소 정수값을 반환한다. ** CEILING와 같은 기능을 수행한다.*
ROUND	지정한 수의 반올림 값을 반환한다. *구문 규칙: ROUND(숫자)*
SIGN	지정한 수가 양수인지 음수인지 알려준다. 양수는 1, 음수는 -1을 반환한다. *구문 규칙: SIGN(숫자)*
SQRT	지정한 수의 루트값(Square Root)을 반환한다. *구문 규칙: SQRT(숫자)*
SUM	지정한 열에 저장된 데이터의 총합을 구해 값을 반환한다. *구문 규칙: SUM(열 이름)*
FORMAT	함수 연산의 결과값을 출력할 때 보여지는 양식을 지정한다. 가장 낮은 자리의 수는 **반올림하게 되며, 결과값은** 숫자형이 아닌 **문자형 데이터**가 된다. *구문 규칙: FORMAT(숫자, 소수점 자릿수)*
TRUNCATE	함수 연산의 결과값을 출력할 때 보여지는 양식을 지정한다. 결과값에 **반올림이 적용되지 않으며, 결과값은** 문자형이 아닌 **숫자형 데이터**가 된다. *구문 규칙: TRUNCATE(숫자, 소수점 자릿수)*

아래 질의문은 테스트 테이블(tests)에서 한국어 점수와 영어 점수의 평균값을 계산해줄 것이다.

```
select avg(korean), avg(english) from tests;
```

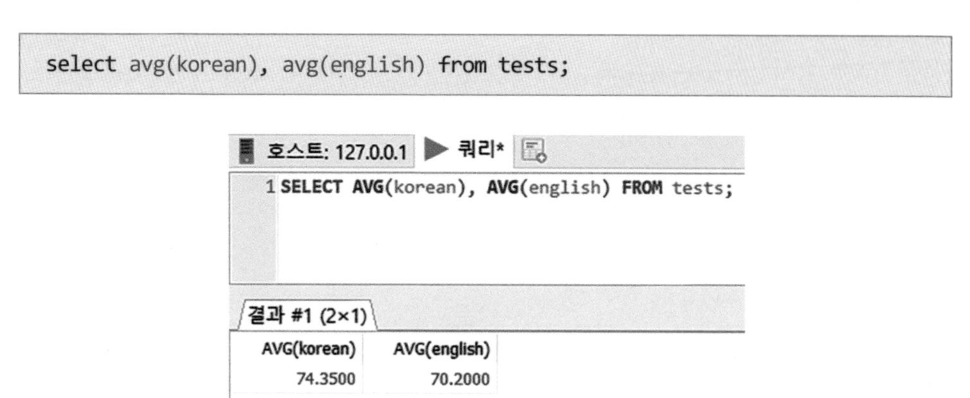

아래 질의문은 학생 이름(student_name) 열을 기준으로 학생의 수를 계산하여 반환할 것이다.

```
select count(student_name) from tests;
```

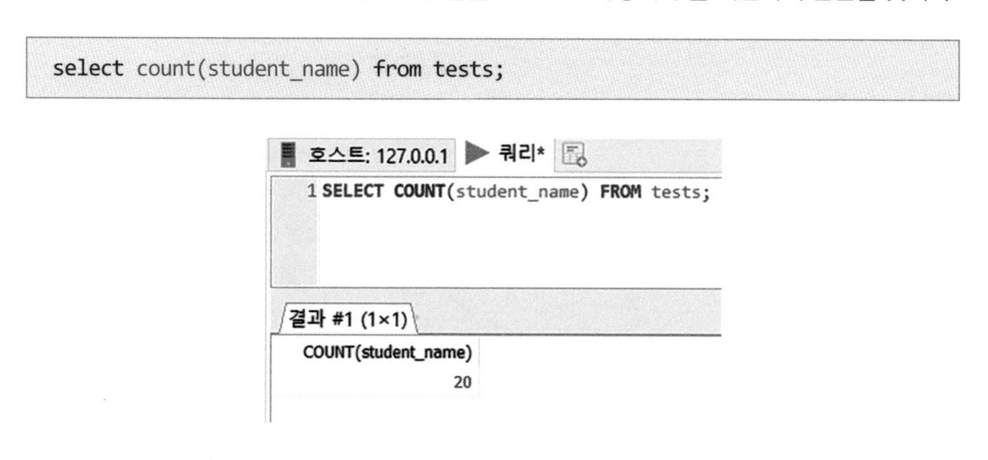


```
select 33 / 2, 33 div 2, 33 mod 2;
```

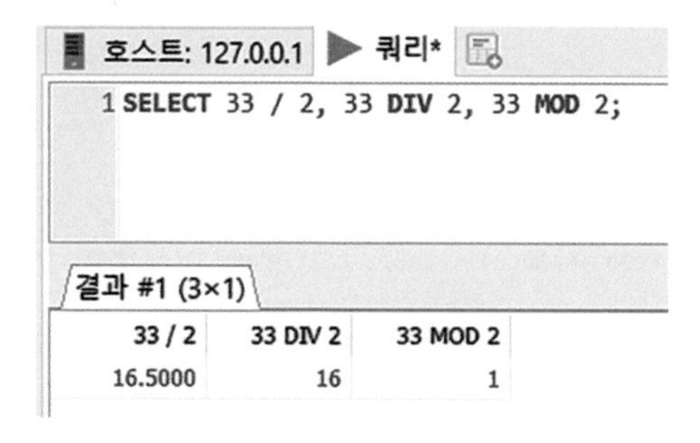

위의 그림에서 보듯이, 33을 2로 나눈 (33 / 2) 값은 16.5가 될 것이다. 하지만 같은 수로 나누어도 (33 DIV 2)를 사용하면 16이 된다. 이에 비해 모듈러(MOD) 연산의 결과는 1이 되는데, 이것은 33을 2로 나누면 총 16번 즉, 32까지 나눌 수 있고, 이 경우 나머지는 1이 되기 때문이다.

아래 질의문은 한국어 시험에서 최고점, 영어 시험에서의 최저점, 수학 시험에서의 최고점, 그리고 역사 시험에서의 최저점이 무엇이었는지 보여줄 것이다.

```
select max(korean), min(english), max(math), min(history) from tests;
```

호스트: 127.0.0.1 쿼리*

```
1 SELECT MAX(korean), MIN(english), MAX(math), MIN(history) FROM tests;
```

결과 #1 (4×1)

MAX(korean)	MIN(english)	MAX(math)	MIN(history)
100	0	100	0

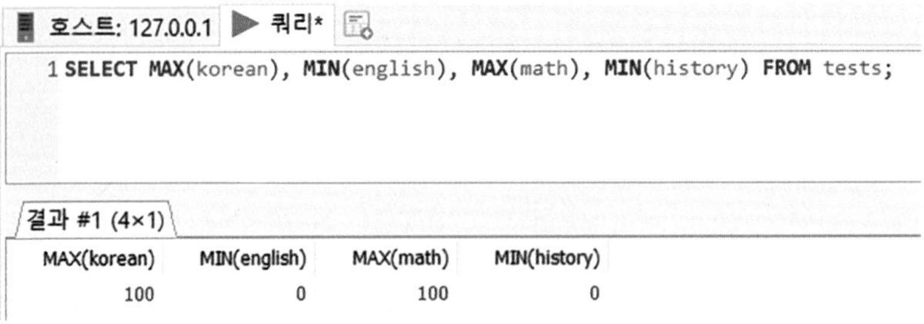

아래 질의문은 2의 8승(2^8)을 계산하여 결과값을 반환할 것이다.

```
select power(2, 8);
```

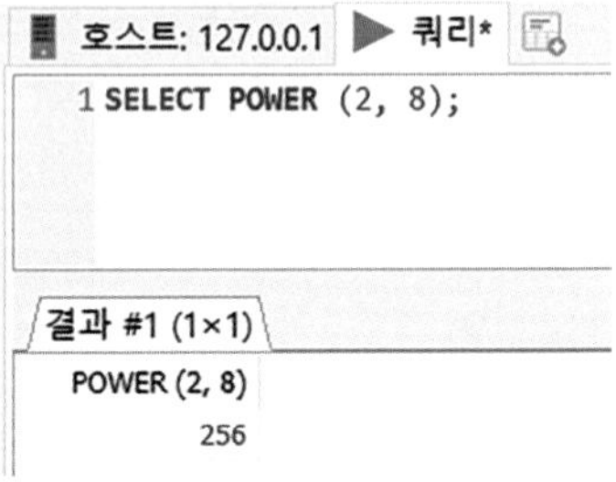

호스트: 127.0.0.1 쿼리*

```
1 SELECT POWER (2, 8);
```

결과 #1 (1×1)

POWER (2, 8)
256

```
select rand(3), floor(rand(3) * 100), ceil(rand(3) * 100), round(rand(3) * 100);
```

호스트: 127.0.0.1 쿼리*

```
1 SELECT RAND(3), FLOOR(RAND(3) * 100), CEIL(RAND(3) * 100), ROUND(RAND(3) * 100);
```

결과 #1 (4×1)

RAND(3)	FLOOR(RAND(3) * 100)	CEIL(RAND(3) * 100)	ROUND(RAND(3) * 100)
0.9057697559760601	90	91	91

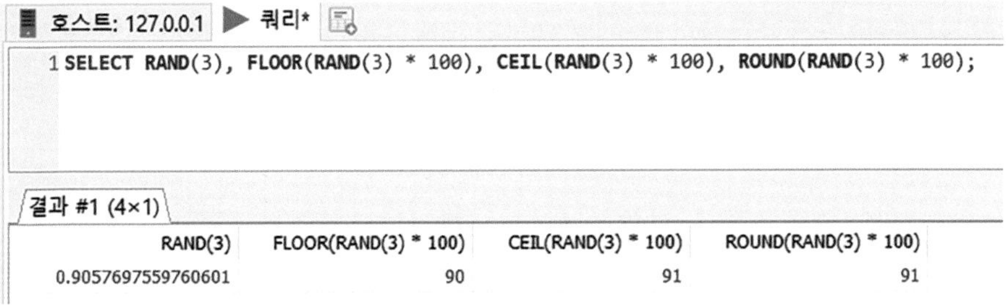

위의 질의문을 통해 RAND(3)에 의해 생성된 숫자에 100을 곱한 결과값 90.57보다 작은 정수 중 최대값은 90, 이보다 큰 정수 중 최소값은 91, 그리고 반올림 값은 91이 되는 것을 알 수 있다.

다음 질의문은 수학 시험의 평균에서 영어 시험의 평균을 뺀 결과가 양수(1)인지 음수(-1)인지, 즉, 어느 쪽의 평균값이 더 큰지 보여주게 된다. 결과값이 -1이라는 것은 수학 시험의 평균에서 영어 시험의 평균을 뺀 값이 음수라는 뜻이고, 이 말은 수학의 평균보다 영어의 평균이 더 높았다는 것을 의미한다.

```
select avg(math), avg(english), sign(avg(math) - avg(english)) from tests;
```

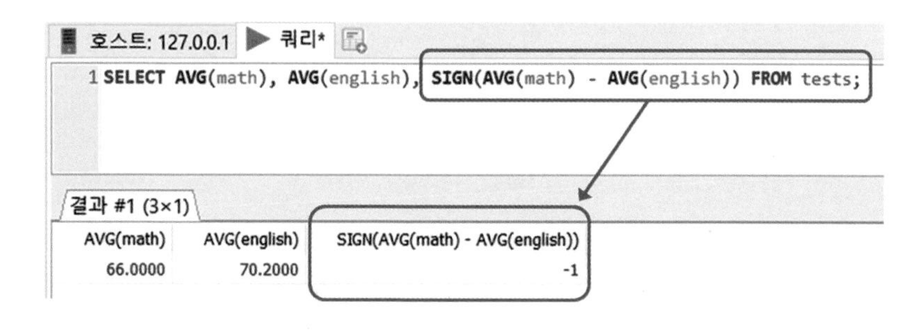


```
select sum(math), sum(english) from tests;
```

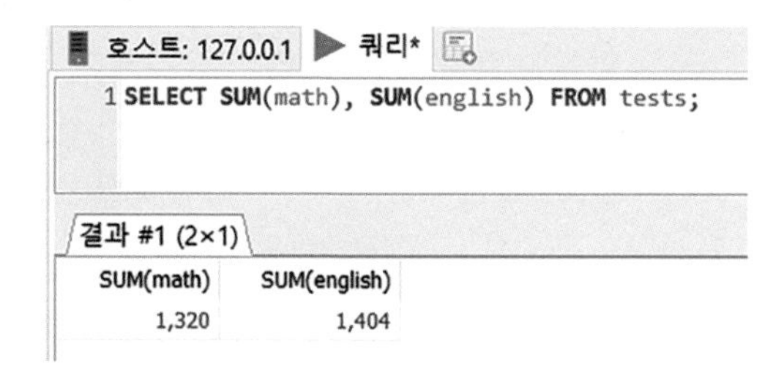

위의 질의문은 모든 수학 점수의 합과 영어 점수의 합을 계산하여 반환하며, 아래 질의문은 역사 시험의 평균 점수를 두 가지 양식으로 보여주고 있다. 특히, FORMAT 함수를 통해 출력값의 결과를 소수점 한자리로 정하고 있음에 주목하자.

```
elect avg(history), format(avg(history), 1) from tests;
```

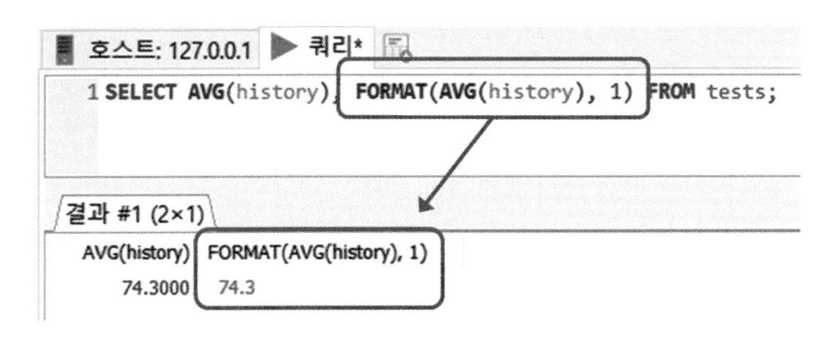

아래 질의문은 TRUNCATE 함수를 이용해 출력값의 결과를 소수점 한자리로 규정하고 있다.

```
select avg(english), truncate(avg(english), 1) from tests;
```

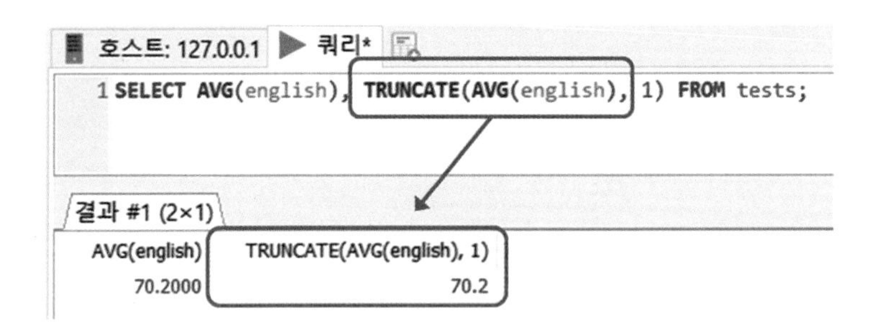

FORMAT 함수와 TRUNCATE 함수의 결과값에는 약간의 차이점이 있다. 반올림이 되느냐 되지 않느냐의 문제도 있지만, 가장 중요한 차이점은 결과값이 문자형이냐 숫자형이냐에 있을 것이다. 위에서 보다시피 FORMAT을 사용한 경우 결과값이 녹색으로 좌측 정렬(문자형 데이터 표현 방식)이 되어 있지만, TRUNCATE 함수를 사용했을 때에는 파란색으로 우측 정렬(숫자형 데이터 표현 방식)을 하고 있다.

7-3. 날짜형 함수

DB의 존재 목적이 데이터의 관리이기 때문에 데이터가 생성되거나 수정된, 그리고 삭제된 날짜와 시간 등의 관리 역시 매우 중요할 수밖에 없다. 따라서 SQL은 날짜와 시간에 관련한 다양한 함수를 제공하고 있다.

함수	설명
CURRENT_DATE	현재의 날짜를 (yyyy-mm-dd) 형태로 반환한다. *구문 규칙: CURRENT_DATE( )*
CURDATE	현재의 날짜를 (yyyy-mm-dd) 형태로 반환한다. ** CURRENT_DATE와 같은 구문과 기능을 수행한다.*
CURRENT_TIME	현재의 시간을 (hh:mm:ss) 형태로 반환한다. *구문 규칙: CURRENT_TIME( )*
CURTIME	현재의 시간을 (hh:mm:ss) 형태로 반환한다. ** CURRENT_TIME와 같은 구문과 기능을 수행한다.*
SYSDATE	현재의 날짜와 시간을 yyyy-mm-dd hh:mm:ss 형태로 반환한다. *구문 규칙: SYSDATE( )*
LOCALTIME	현재의 날짜와 시간을 yyyy-mm-dd hh:mm:ss 형태로 반환한다. ** SYSDATE와 같은 구문과 기능을 수행한다.*
NOW	현재의 날짜와 시간을 yyyy-mm-dd hh:mm:ss 형태로 반환한다. ** SYSDATE와 같은 구문과 기능을 수행한다.*
DATE	DATETIME 표현식에서 년월일 정보만 추출하여 반환한다. *구문 규칙: DATE(표현식)*
TIME	DATETIME 표현식에서 시간 정보만 추출하여 반환한다. *구문 규칙: TIME(표현식)*
ADDDATE	주어진 날짜 정보에 지정한 만큼의 시간과 날짜를 더한 값을 반환한다. *구문 규칙: ADDDATE(시간, INTERVAL 더하고자 하는 숫자)* ** 사용할 수 있는 단위는 아래 설명 참고*

DATE_ADD	주어진 날짜 정보에 지정한 만큼의 시간과 날짜를 더한 값을 반환한다. ** ADDDATE와 같은 구문과 기능을 수행한다.*
DATE_SUB	주어진 날짜 정보에 지정한 만큼의 시간과 날짜를 뺀 값을 반환한다. *구문 규칙: DATE_SUB(시간, INTERVAL 빼고자 하는 숫자)*
DATEDIFF	주어진 두 날짜가 며칠 차이인지를 계산하여 반환한다. *구문 규칙: DATEDIFF(날짜.1, 날짜.2)*
DATE_FORMAT	날짜를 표현하는 양식을 지정할 수 있다. *구문 규칙: DATE_FORMAT(날짜, "양식")* ** 사용할 수 있는 양식은 아래 설명 참고*
DAYNAME	주어진 날짜에 해당하는 요일 이름을 반환한다. *구문 규칙: DAYNAME(날짜)*
MONTHNAME	주어진 날짜에 해당하는 달의 이름을 반환한다. *구문 규칙: MONTHNAME(날짜)*
DAYOFYEAR	주어진 날짜가 해당 연도의 몇 번째 날인지 계산하여 결과를 반환한다. *구문 규칙: DAYOFYEAR(날짜);*
WEEKOFYEAR	주어진 날짜가 해당 연도의 몇 번째 주인지 계산하여 결과를 반환한다. *구문 규칙: WEEKOFYEAR(날짜)*

ADDDATE( )에 사용할 수 있는 단위 (일부)

MICROSECOND, SECOND, MINUTE, HOUR, DAY, WEEK, MONTH, YEAR, 기타 다양한 단위를 사용할 수 있다.

예 ADDDATE("2019-12-31", INTERVAL 3 WEEK);

DATE_FORMAT( )에 사용할 수 있는 양식 (일부)

%a	요일 이름을 축약형으로 보여준다. (Sun ~ Sat)
%W	요일 이름을 보여준다. (Sunday ~ Saturday)
%D	날의 이름을 서수 형태로 보여준다. (1st, 2nd, 3rd, ...)
%d	날의 이름을 기수 형태로 보여준다. (1, 2, 3, ...)
%b	달의 이름을 축약형으로 보여준다. (Jan ~ Dec)
%M	달의 이름을 보여준다. (January ~ December)
%m	달의 이름을 기수 형태로 보여준다. (00 ~ 12)
%Y	연도를 4자리로 보여준다. (YYYY)
%y	연도를 2자리로 보여준다. (yy)
%j	일 년 중 몇 번째 날인지 보여준다. (0 ~ 366)
%u	한 주의 첫날을 월요일로 했을 때, 일 년 중 몇 번째 주인지 보여준다. (0 ~ 53)
%U	한 주의 첫날을 일요일로 했을 때, 일 년 중 몇 번째 주인지 보여준다. (0 ~ 53)
%p	오전 오후를 보여준다. (AM 혹은 PM)
%r	시간을 오전 오후와 함께 12시간 표기법으로 보여준다. (hh:mm:ss AM/PM)
%T	시간을 24시간 표기법으로 보여준다. (hh:mm:ss)
%s	초를 보여준다. (00 to 59)

** 양식 표현은 대소문자가 서로 다른 의미를 가질 수 있으므로 주의해야 한다.

```
select current_date( ), current_time( ), current_timestamp( ), sysdate( );
```

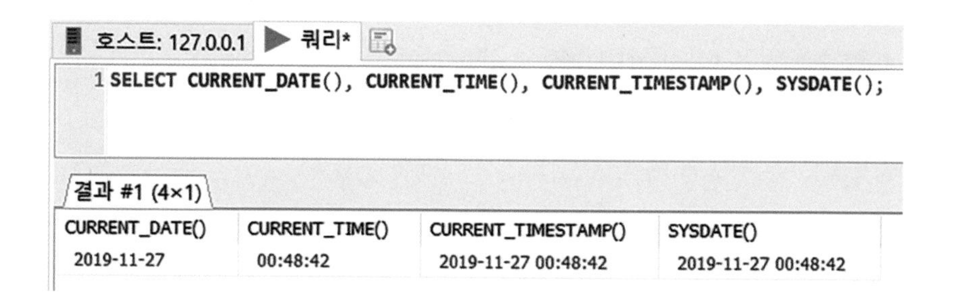

아래 질의문은 일단 SYSDATE 함수로 현재의 날짜와 시간을 계산한 뒤, 이 중에서 날짜 정보만 추출(DATE( ))해서, 여기에 날짜 100일을 추가한 결과값을 반환하도록 하고 있다.

```
select adddate(date(sysdate( )), interval 100 day);
```

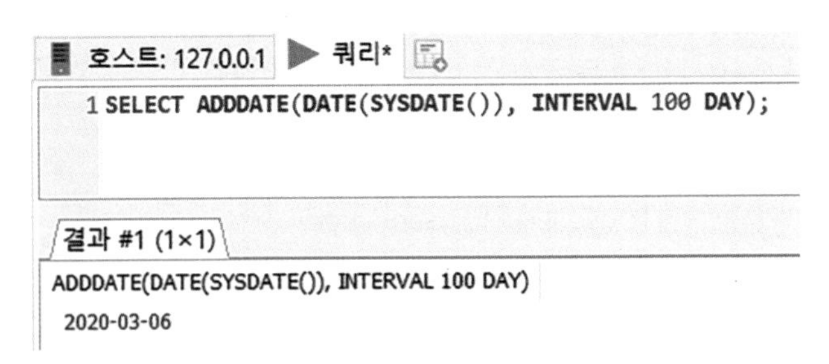

100일을 빼고 싶으면 "~ interval −100 day"라고 음수로 질의문을 작성하거나 DATE_SUB( ) 함수를 사용하면 된다.

select adddate(date(sysdate( )), interval −100 day);
= select date_sub(date(sysdate( )), interval 100 day);

```
select datediff(curdate( ), "2000-01-01 23:35:42"), datediff(20000101233542,
curdate( ));
```

호스트: 127.0.0.1 쿼리*

```
1 SELECT DATEDIFF(CURDATE(), "2000-01-01 23:35:42"), DATEDIFF(20000101233542, CURDATE());
```

결과 #1 (2×1)

DATEDIFF(CURDATE(), "2000-01-01 23:35:42")	DATEDIFF(20000101233542, CURDATE())
7,270	-7,270

위에서 보는 것처럼 날짜를 문자형("2000-01-01")으로 제시할 수도 있고 숫자형(20000101)으로 제시할 수도 있다. 어느 쪽을 사용하던 결과값은 총 며칠의 차이인지 보여준다.

날짜를 입력하거나 반환할 때 "YYYY-MM-DD" 형식을 사용하면 문자열 데이터로 저장되고 YYYYMMDD 형식을 사용하면 숫자형 데이터로 저장된다. 단, 이에 적용되는 함수가 무엇이냐에 따라 결과값은 문자형이 될 수도 있고 숫자형이 될 수도 있다.

아래 질의문은 현재의 날짜 정보를 추출하여 원하는 양식으로 바꿔서 표현하고 있다.

```
select curdate( ), date_format(curdate( ), "%M %D, %Y, %W");
```

호스트: 127.0.0.1 ▶ 쿼리*

```
1 SELECT CURDATE(), DATE_FORMAT(CURDATE(), "%M %D, %Y, %W");
```

결과 #1 (2×1)

CURDATE()	DATE_FORMAT(CURDATE(), "%M %D, %Y, %W")
2019-11-27	November 27th, 2019, Wednesday

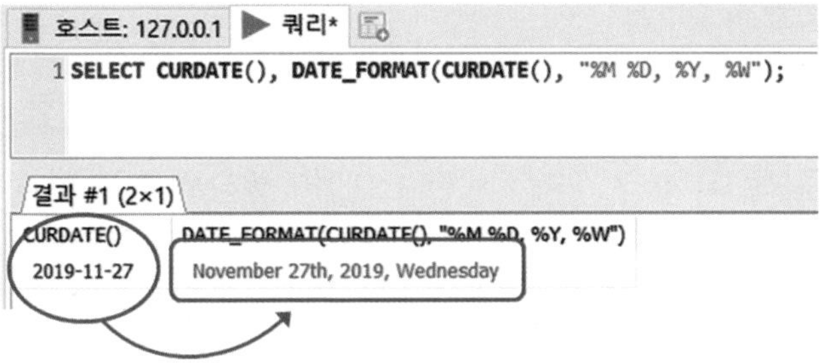

아래 질의문에서처럼 날짜형 함수에 산술연산을 추가할 수도 있다.

```
select curdate(), dayname(curdate( ) +1), monthname(curdate( ));
```

호스트: 127.0.0.1 ▶ 쿼리*

```
1 SELECT CURDATE(), DAYNAME(CURDATE() +1), MONTHNAME(CURDATE());
```

결과 #1 (3×1)

CURDATE()	DAYNAME(CURDATE() +1)	MONTHNAME(CURDATE())
2019-11-28	Friday	November

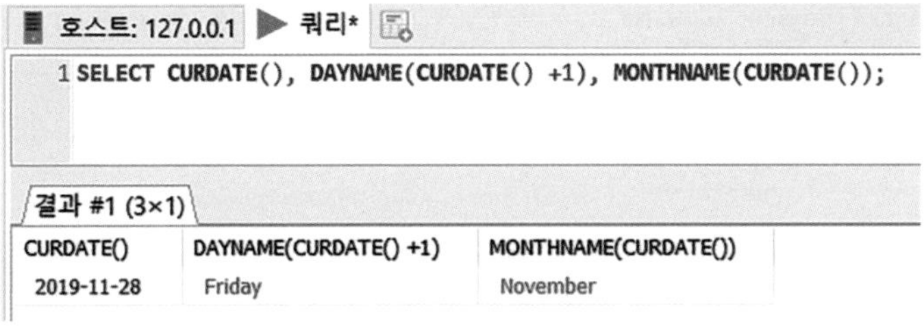

아래 질의문은 현재의 날짜가 일 년 중 몇 번째 날인지, 그리고 몇 번째 주인지를 보여준다.

```
select curdate(), dayofyear(curdate( )), weekofyear(curdate( ));
```

호스트: 127.0.0.1 ▶ 쿼리*

```
1 SELECT CURDATE(), DAYOFYEAR(CURDATE()), WEEKOFYEAR(CURDATE());
```

결과 #1 (3×1)

CURDATE()	DAYOFYEAR(CURDATE())	WEEKOFYEAR(CURDATE())
2019-11-28	332	48

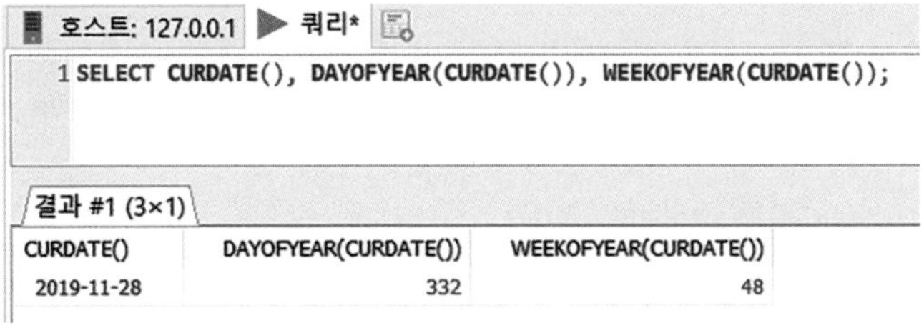

MariaDB에서 제공하는 함수에 대해 자세히 알고 싶다면 MariaDB.com에서 제공하는 자료가 도움이 될 것이다.

링크: https://mariadb.com/kb/en/library/documentation/

8. SQL 질의어 - 중급

8-1. AS 키워드

'Alias(별칭)'라고도 불리는 AS 기능은 질의문의 결과를 보여주는 테이블 또는 해당 테이블의 열에 임시로 이름으로 부여하기 위해 사용한다. 이렇게 별칭을 사용하면 좀 더 이해하기 쉬운 결과값을 받을 수 있다.

```
select student_name, student_gender from students;
select student_name as 학생_이름, student_gender as 성별 from students;
```

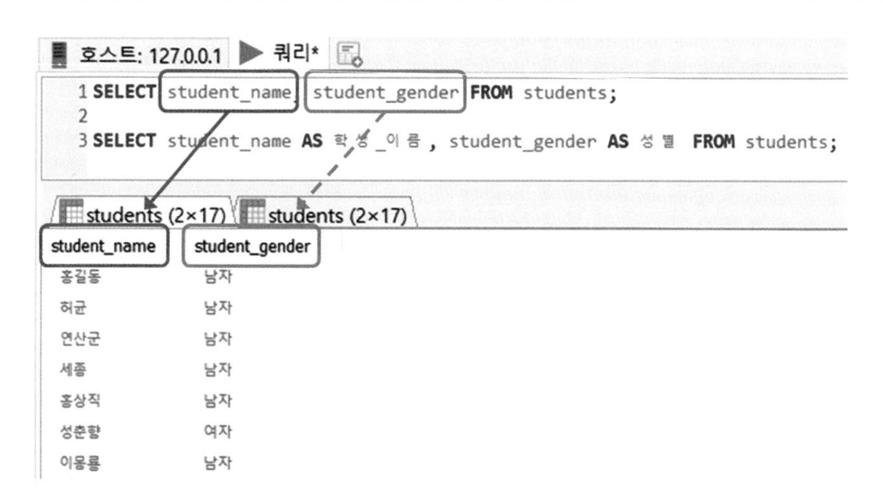

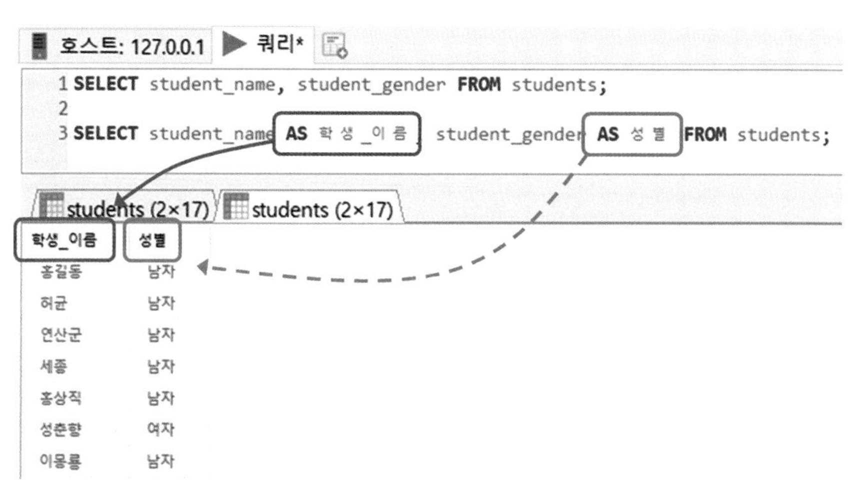

앞에서 보는 것처럼 AS 키워드를 사용하면 결과 테이블의 필드명을 알아보기 쉽게 바꿀 수 있다. 단순해 보이는 AS 키워드는 상당히 많이 사용됨으로 꼭 기억해두기 바란다.

> SQL의 필드명에는 공백문자를 사용할 수 없으므로, 'AS 학생 이름'처럼 띄어쓰기를 사용할 수 없다. 때문에 위의 질의문에서는 'AS 학생_이름'처럼 '학생'과 '이름' 사이에 밑줄을 사용하고 있다.

AS 키워드는 단순히 필드명을 바꾸는 것에 그치지 않고 테이블 자체의 이름을 바꾸는 데도 사용할 수 있다. 테이블의 이름이 너무 길다면 좀 더 쉽고 간단한 이름으로 바꿔서 사용할 수 있는 것이다. 테이블의 이름을 바꾸기 위해서는 FROM 키워드 뒤에 AS를 붙여 사용하게 된다. 즉, AS 키워드가 FROM 앞에 있는 경우와 FROM 뒤에 있는 경우는 그 의미가 다르므로 주의해야 한다는 뜻이기도 하다.

```
select st.student_name, st.school_name from students as st;
```

이처럼 간소화된 테이블 이름을 사용할 때에는 '테이블명.필드명' 형태로 사용하게 된다. 이때 테이블명과 필드명 사이에 사용된 마침표(.)를 '닷 연산자'라고 하는데, 닷 연산자는 나중에 설명할 JOIN 질의문에서 매우 중요한 기능을 하게 된다. 닷 연산자에 대해서는 〈8-4. 닷 연산자〉에서 다루게 될 것이다.

> 닷 연산자를 사용할 때는 다음과 같이 상위 개념에서 하위 개념의 순서로 적어주게 된다. 〈DB명.테이블명.필드명〉

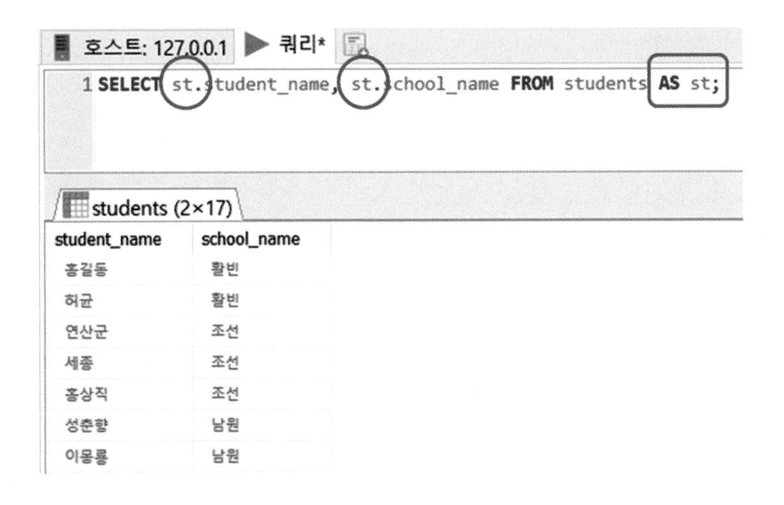

8-2. 주석 달기

어떤 언어로 어떤 프로그램을 만들든지 문서화의 중요성은 아무리 강조해도 지나치지 않을 것이다. 그리고 가장 기본적인 문서화의 도구는 역시 '주석'이다. 각각의 코드가 어떤 목적으로 어떤 기능을 위해 만들어진 것인지 기록해두면 다른 개발자에게 도움이 될 뿐만 아니라, 자기 자신에게도 정말 큰 도움을 줄 것이다. 따라서 주석을 다는 것을 습관화할 필요가 있다.

SQL 역시 주석 기능을 제공하고 있으며, 주석은 질의문의 실행에는 어떤 영향도 주지 않는다.

8-2-1. 한 줄 주석

구문 규칙: -- 〈내용〉

```
-- 학생의 이름과 함께 수학 성적을 보여주는 질의문
select student_name, math from tests;
```

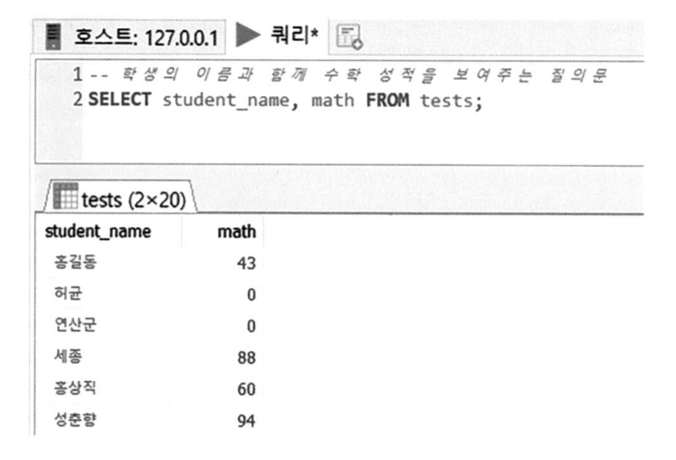

위에서 보는 것처럼, 주석으로 처리된 문장은 질의문의 실행에 아무 영향도 주지 않는다.

8-2-2. 여러 줄 주석

주석을 여러 줄로 작성한다면 좀 더 많은 내용을 알아보기 쉽게 메모해둘 수 있어서 좋다. 여러 줄로 작성을 할 때는 시작 부분에 '/*' 기호를, 끝나는 부분에 '*/' 기호를 삽입하면 된다.

```
/* 학생의 수학 성적을 보여주는 질의문
테스트 테이블(tests)에서 학생의 이름과 함께 수학 성적을 추출하여 반환한다.
테이블의 모든 데이터를 보고 싶다면
select * from tests;
라고 질의문을 작성하면 된다. */

select student_name, math from tests;
```

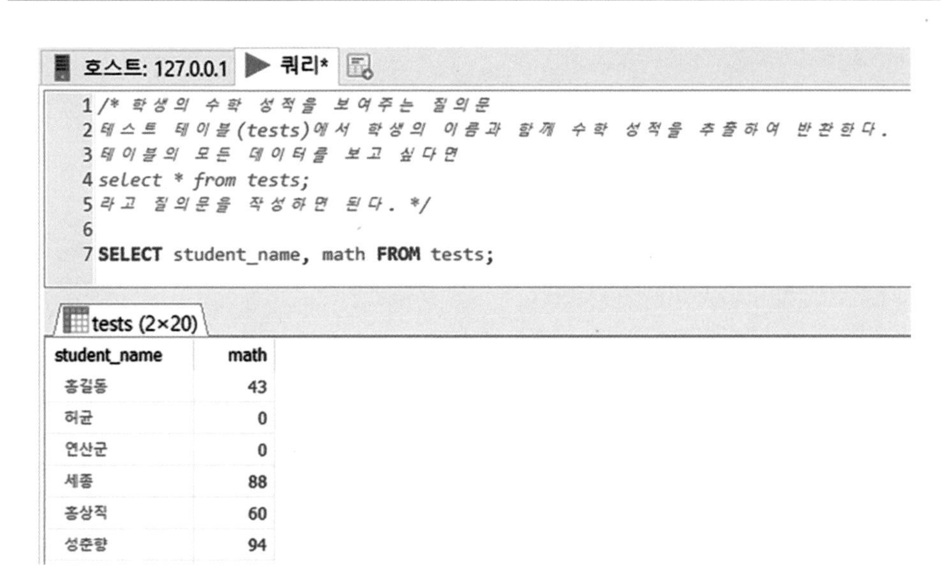

한 줄 주석과 마찬가지로 여러 줄의 주석문도 질의문의 실행과 결과에는 아무 영향을 주지 않는다.

8-3. 서브쿼리

하나의 질의문은 하나의 기능만 수행하여 그 결과값을 반환한다. 그러나 DB를 관리하다 보면 좀 더 정교한 조건을 제시하여 데이터에 접근할 필요가 있다. 이때 사용할 수 있는 것이 바로 '서브쿼리(sub-query)'인데, 하나의 질의문 안에 다른 질의문을 포함하여 사용하는 것을 말한다.

```
· select student_name, korean, english, math from tests
  where math >= (select avg(math) from tests)
  order by korean desc;
```

위의 질의문은 tests 테이블에 저장된 수학의 평균 점수(avg(math) from tests)보다 높은 점수를 가지고 있는 학생들의 이름과 해당 학생의 국어, 영어, 수학 점수를 보여주도록 하고 있다. 이를 위해 하나의 질의문 안에서 또 다른 질의문을 조건으로 사용하고 있다. 이렇게 하나의 질의문 안에 또 다른 질의문을 포함하고자 할 때는 반드시 괄호( )로 감싸주어야 하며, 이를 '서브쿼리'라고 부른다.

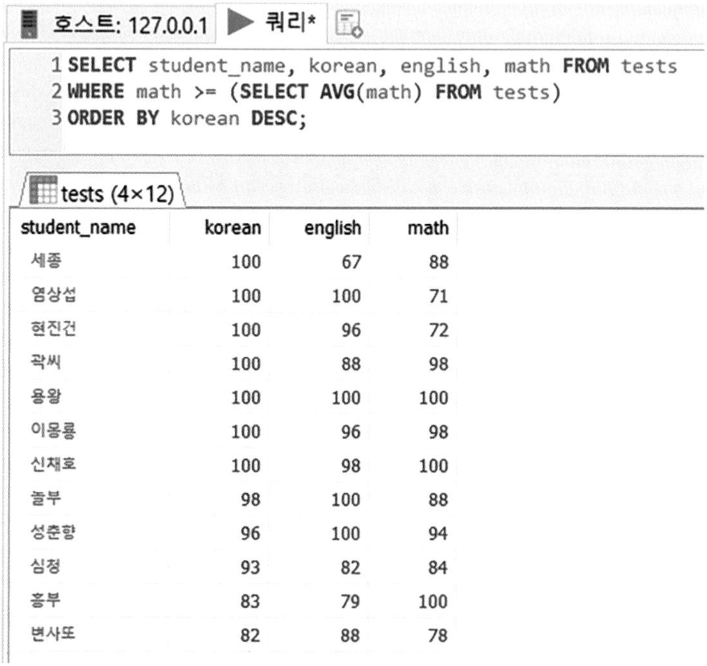

호스트: 127.0.0.1 ▶ 쿼리*

```
1 SELECT student_name, korean, english, math FROM tests
2 WHERE math >= (SELECT AVG(math) FROM tests)
3 ORDER BY korean DESC;
```

tests (4×12)

student_name	korean	english	math
세종	100	67	88
염상섭	100	100	71
현진건	100	96	72
곽씨	100	88	98
용왕	100	100	100
이몽룡	100	96	98
신채호	100	98	100
놀부	98	100	88
성춘향	96	100	94
심청	93	82	84
흥부	83	79	100
변사또	82	88	78

서브쿼리 사용시 주의사항

1. 서브쿼리는 반드시 괄호로 감싸주어야 한다.
2. 서브쿼리는 연산자의 오른쪽에 위치해야 한다.
3. 서브쿼리를 IN 연산자와 함께 사용하면 효율성이 떨어진다.
4. 서브쿼리 안에서는 ORDER BY를 사용할 수 없다. (서브쿼리 밖에서는 사용 가능)
   : ORDER BY는 결과값의 출력에 관한 것으로 하나의 질의문에 한 번만 사용할 수 있다.
   따라서 메인쿼리에서만 사용할 수 있다.

8-4. 닷 연산자

지금까지의 모든 질의어는 오직 하나의 테이블 안에서만 작동했었다. 그러나 SQL을 사용하는 진짜 목적은 하나 이상의 테이블 즉, 두 개 혹은 세 개 이상의 테이블에서 데이터를 추출하고 이를 가공하는 것일 수 있다.

특정 테이블에 있는 데이터를 추출하기 위해서는 닷 연산자(.)를 〈테이블명.필드명〉의 형태로 사용하게 되며, 여러 테이블에서 자료를 추출하는 방법은 단순히 FROM 뒤에 원하는 테이블을 콤마로 연결해주기만 하면 된다.

```
select students.student_name, students.school_name, tests.math
from students, tests
where students.student_name = tests.student_name
and tests.is_taken = 1;
```

위의 질의문은 students 테이블로부터 student_name 열과 school_name 열에 저장된 데이터와 함께 tests 테이블의 수학 점수(math) 열에 저장된 정보를 불러오도록 하고 있다. 때문에 FROM 뒤에 'from students, tests'라고 두 개의 테이블 이름을 모두 제시하고 있다. 그러나 단순히 데이터를 추출하기보다 where 조건문을 이용해 students 테이블과 tests 테이블의 학생 이름(student_name)이 같으면서 동시에 시험을 보았던 학생의 데이터만을 가져오도록 하고 있다.

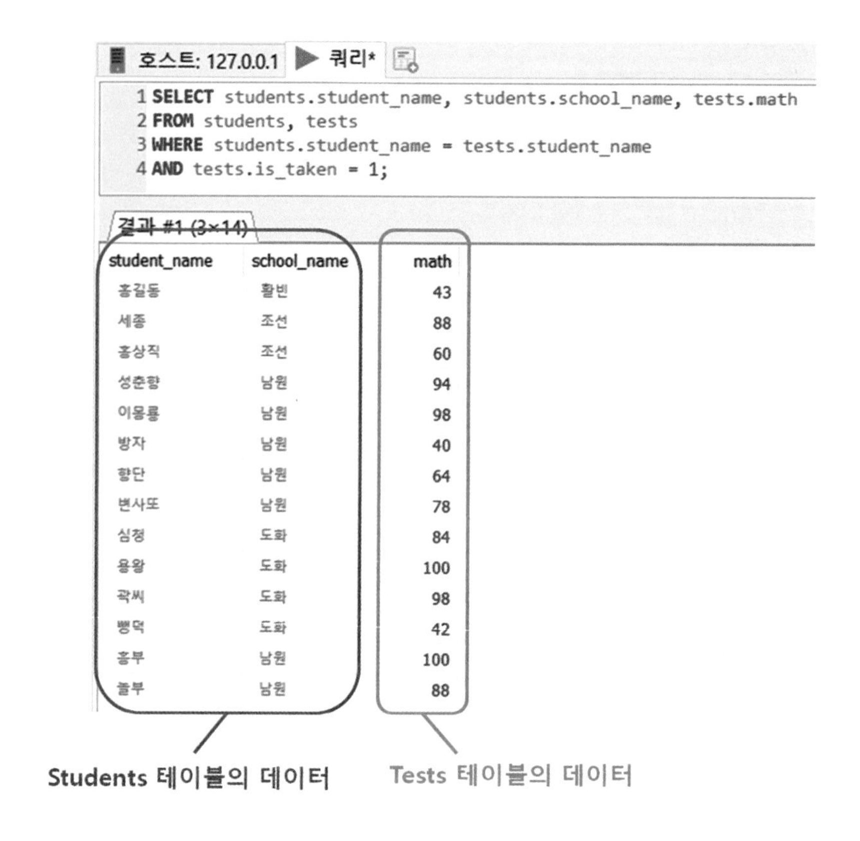

8-5. JOIN 연산자

닷 연산자를 사용하여 여러 테이블의 자료를 다룰 수도 있지만, 좀 더 정교한 방법으로 이와 같은 기능을 수행하고자 한다면 JOIN 문을 사용할 수 있다. JOIN 문은 집합의 개념을 사용하여 데이터를 추출하기 때문에 좀 더 신뢰성이 높은 데이터 조작이 가능하다.

JOIN의 종류

테이블을 병합하는 방법은 크게 세 가지로 나눈다.

INNER JOIN	오른쪽 테이블과 왼쪽 테이블 모두에서 일치하는 데이터를 대상으로 연산을 수행한다.

LEFT JOIN	왼쪽 테이블의 모든 데이터와 왼쪽 테이블과 오른쪽 테이블의 일치하는 데이터를 대상으로 연산을 수행한다.
RIGHT JOIN	오른쪽 테이블의 모든 데이터와 오른쪽 테이블과 왼쪽 테이블의 일치하는 데이터를 대상으로 연산을 수행한다.

각각의 JOIN을 도식화하면 다음과 같다.

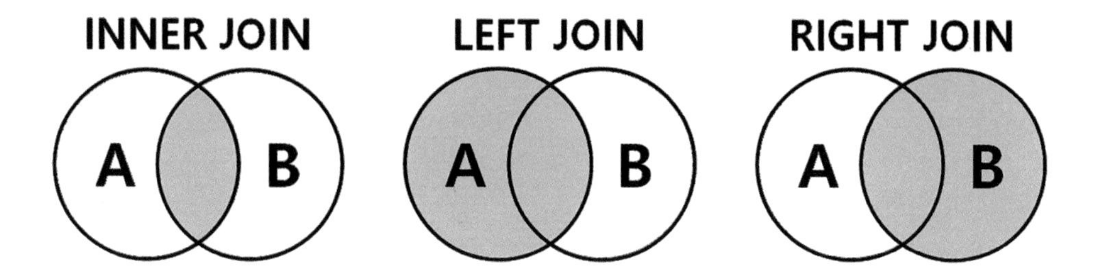

JOIN 문을 좀 더 효과적으로 공부하기 위해 새로운 테이블을 하나 더 만들도록 하겠다.

```
create table tuitions
(
        sid                    int                  auto_increment,
        student_name           varchar (20),        not null,
        is_paid                tinyint (1),
        due_year               int not null,        not null,
        due_month              int not null,        not null,
        due_day                int not null,        not null,
        due_amount             int not null,        not null,
        memo                   varchar (100),
        primary key (sid)

insert into tuitions (student_name, is_paid, due_year, due_month, due_day,
due_amount, memo)
values ('홍길동', 1, 2019, 11, 1, 300000, ''),
         ('허균', 1, 2019, 11, 2, 300000, ''),
         ('연산군', 1, 2019, 11, 3, 150000, '교직원 할인'),
         ('세종', 1, 2019, 11, 3, 150000, '교직원 할인'),
```

```
        ('홍상직', 0, 2019, 11, 5, 300000, ''),
        ('성춘향', 0, 2019, 11, 11, 300000, ''),
        ('이몽룡', 1, 2019, 11, 15, 300000, ''),
        ('변사또', 1, 2019, 11, 18, 300000, '상습체납자'),
        ('심청', 0, 2019, 11, 21, 150000, '사회보호대상자'),
        ('심학규', 1, 2019, 11, 21, 150000, '사회보호대상자'),
        ('놀부', 1, 2019, 11, 30, 300000, ''),
        ('신채호', 1, 2019, 11, 30, 150000, '국가유공자');

select * from tuitions;
```

8-5-1. INNER JOIN

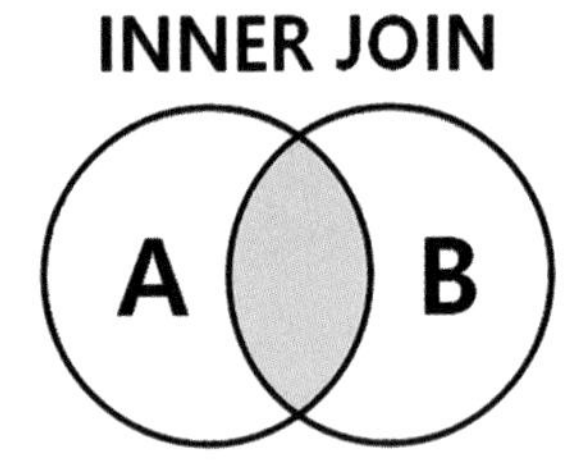

우리가 JOIN이라고 말하는 것은 기본적으로 INNER JOIN이다. 그만큼 가장 일반적으로 사용되는 JOIN의 형태인 것이다. 그리고 이것은 우리가 흔히 알고 있는 '교집합'과도 다르지 않다. 즉, 두 개의 테이블에서 공통으로 존재하는 데이터를 기준으로 데이터를 추출하고 조작하는 것이다.

앞의 닷 연산자를 공부할 때 사용한 질의문을 JOIN 문으로 다시 구성해보자.

```
select students.student_name, students.school_name, tests.math
from students, tests
where students.student_name = tests.student_name
and tests.is_taken = 1;
```

```
select students.student_name, students.school_name, tests.math
from students inner join tests
on students.student_name = tests.student_name
and tests.is_taken = 1;
```

위 두 질의문은 전적으로 같은 기능을 수행한다.

JOIN 문에서의 조건 제시

JOIN 연산자를 포함하지 않는 질의문에서 조건을 제시할 때는 WHERE 키워드를 사용해야 하고, JOIN 연산자를 포함하는 질의문에서 조건을 제시할 때는 ON 키워드를 사용해야 한다.

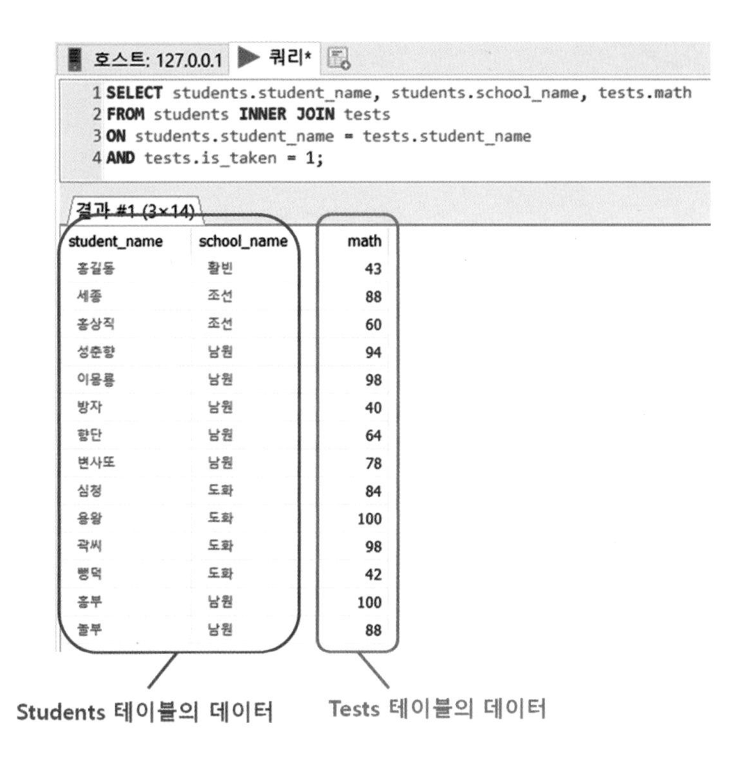

student_name	school_name	math
홍길동	활빈	43
세종	조선	88
홍상직	조선	60
성춘향	남원	94
이몽룡	남원	98
방자	남원	40
향단	남원	64
변사또	남원	78
심청	도화	84
용왕	도화	100
곽씨	도화	98
뺑덕	도화	42
흥부	남원	100
놀부	남원	88

그렇다면 두 개 이상의 테이블에서 JOIN 문을 사용할 수는 없을까? 물론 가능하다.

```
select students.student_name, tests.math, tuitions.memo
from ((students
      inner join tests
      on students.student_name = tests.student_name and tests.is_taken = 1)
      inner join tuitions
      on tuitions.student_name = tests.student_name);
```

위 질의문은 시험에 참여한 학생(tests.is_taken = 1) 중에서 students, tests, tuitions 세 개의 테이블에 모두 존재하는 학생의 데이터를 추출하고 있다.

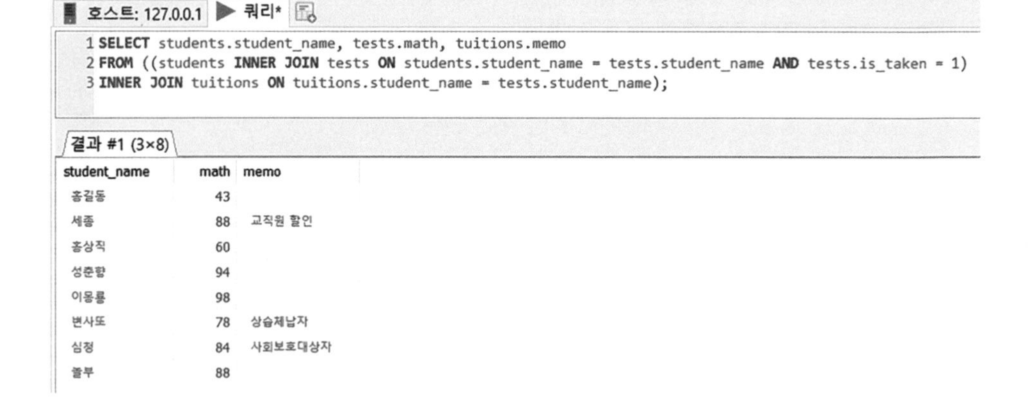

호스트: 127.0.0.1 ▶ 쿼리*

```
1 SELECT students.student_name, tests.math, tuitions.memo
2 FROM ((students INNER JOIN tests ON students.student_name = tests.student_name AND tests.is_taken = 1)
3 INNER JOIN tuitions ON tuitions.student_name = tests.student_name);
```

결과 #1 (3×8)

student_name	math	memo
홍길동	43	
세종	88	교직원 할인
홍상직	60	
성춘향	94	
이몽룡	98	
변사또	78	상습체납자
심청	84	사회보호대상자
놀부	88	

위의 질의문은 닷 연산자로도 같은 기능을 수행할 수 있다.

```
select students.student_name, tests.math, tuitions.memo
from students, tests, tuitions
where students.student_name = tests.student_name
and tests.student_name = tuitions.student_name
and tests.is_taken = 1;
```

8-5-2. LEFT JOIN

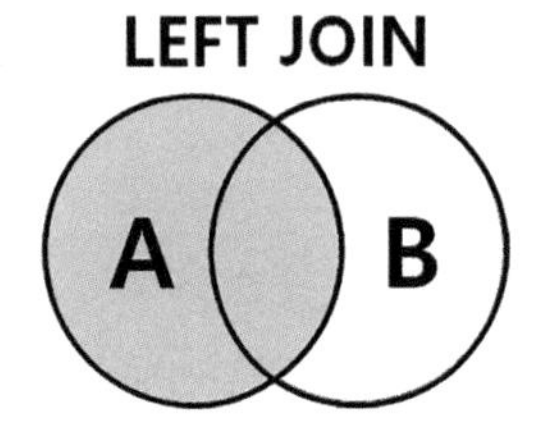

LEFT JOIN은 왼쪽 테이블의 모든 레코드와 왼쪽 테이블과 오른쪽 테이블의 일치하는 데이터를 대상으로 연산을 수행한다. 즉, 오른쪽 테이블에서 주어진 조건에 부합하는 데이터가 없더라도 왼쪽 테이블에 존재하는 모든 데이터는 일단 반환된다.

그렇다면 원래 왼쪽에 있던 테이블과 차이가 없다고 생각할 수 있지만, 그냥 왼쪽 테이블의 데이터만 다루는 것이 아니라, 왼쪽 테이블의 어떤 데이터가 다른 테이블과 교집합을 형성하는지 함께 고려한다는 면에서 분명한 차이가 있다.

다음 세 개의 질의문을 비교해보자.

```
(1)   select * from tuitions
      where char_length(student_name) = 2;

(2)   select tuitions.*
      from tuitions left join tests
      on char_length(tuitions.student_name) = 2
      and tuitions.student_name = tests.student_name;

(3)   select * from tuitions;
```

JOIN을 사용하지 않은 (1)의 경우 두 개 이상의 테이블을 교차 연산하는 것이 불가능하다. 따라서 tuitions 테이블에서 이름이 두 자인 학생의 데이터만을 반환하게 된다.

하지만 JOIN을 사용하는 (2)의 경우에는 'tuitions.student_name = tests.student_name'과 같은 교차 연산이 가능하다는 점에서 다르다. 또한, (2)의 경우에는 tuitions 테이블에 있는 모든 데이터를 보여주는 것은 맞지만 주어진 조건인 'char_length(tuitions.student_name)=2'와 'tuitions.student_name= tests.student_name'에 만족하는 데이터를 먼저 반환한 뒤, 조건에 만족하지 않은 tuitions 테이블의 나머지 데이터를 나중에 반환하게 된다.

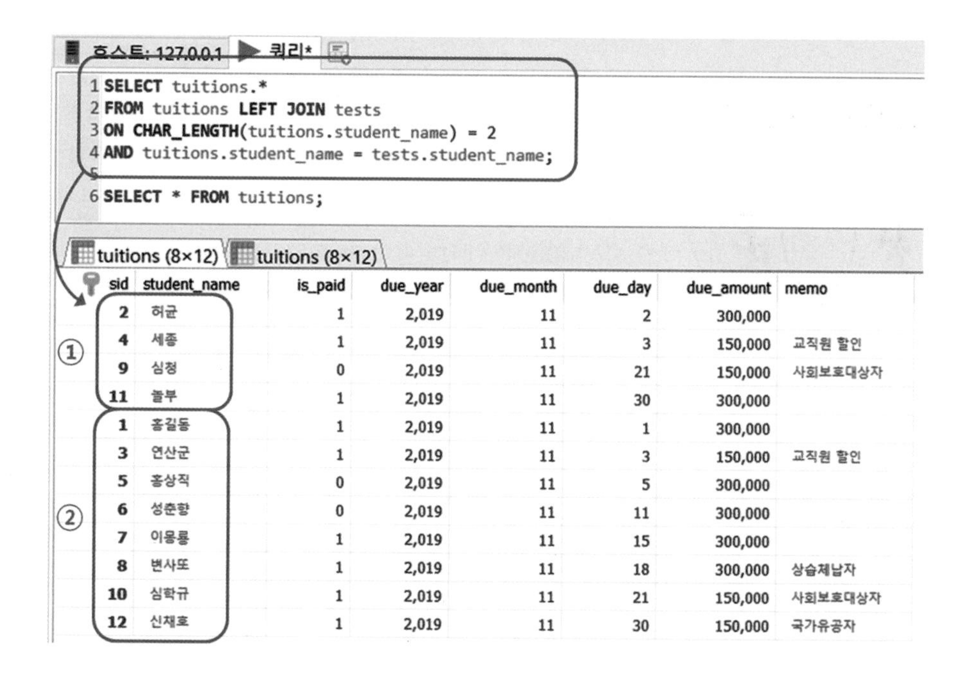

sid	student_name	is_paid	due_year	due_month	due_day	due_amount	memo
2	허균	1	2,019	11	2	300,000	
4	세종	1	2,019	11	3	150,000	교직원 할인
9	심청	0	2,019	11	21	150,000	사회보호대상자
11	놀부	1	2,019	11	30	300,000	
1	홍길동	1	2,019	11	1	300,000	
3	연산군	1	2,019	11	3	150,000	교직원 할인
5	홍상직	0	2,019	11	5	300,000	
6	성춘향	0	2,019	11	11	300,000	
7	이몽룡	1	2,019	11	15	300,000	
8	변사또	1	2,019	11	18	300,000	상습체납자
10	심학규	1	2,019	11	21	150,000	사회보호대상자
12	신채호	1	2,019	11	30	150,000	국가유공자

이런 반환값의 형태는 아래와 같이 tuitions 테이블의 모든 데이터를 불러들이는 것과는 분명 다른 것이다.

호스트: 127.0.0.1 ▶ 쿼리*

```
1 SELECT tuitions.*
2 FROM tuitions LEFT JOIN tests
3 ON CHAR_LENGTH(tuitions.student_name) = 2
4 AND tuitions.student_name = tests.student_name;
5
6 SELECT * FROM tuitions;
```

tuitions (8×12) | tuitions (8×12)

sid	student_name	is_paid	due_year	due_month	due_day	due_amount	memo
1	홍길동	1	2,019	11	1	300,000	
2	허균	1	2,019	11	2	300,000	
3	연산군	1	2,019	11	3	150,000	교직원 할인
4	세종	1	2,019	11	3	150,000	교직원 할인
5	홍상직	0	2,019	11	5	300,000	
6	성춘향	0	2,019	11	11	300,000	
7	이몽룡	1	2,019	11	15	300,000	
8	변사또	1	2,019	11	18	300,000	상습체납자
9	심청	0	2,019	11	21	150,000	사회보호대상자
10	심학규	1	2,019	11	21	150,000	사회보호대상자
11	놀부	1	2,019	11	30	300,000	
12	신채호	1	2,019	11	30	150,000	국가유공자

8-5-3. RIGHT JOIN

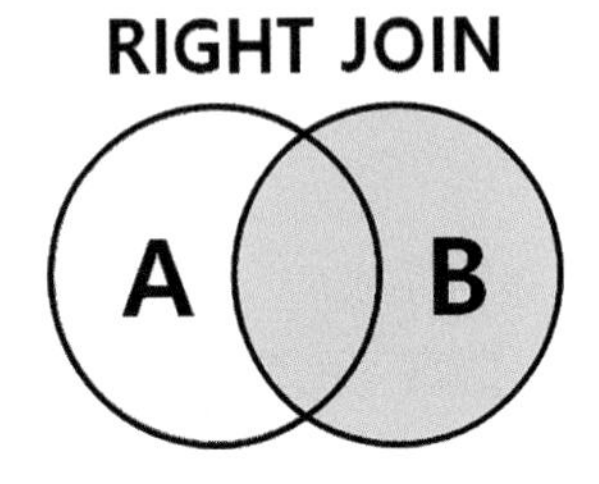

LEFT JOIN과 기본적으로 같은 동작 원리를 가지고 있지만, 이번에는 오른쪽에 있는 테이블을 기준으로 한다는 점이 다르다. 오른쪽 테이블의 모든 레코드와 왼쪽 테이블과 오른쪽 테이블의 일치하는 데이터를 대상으로 하되, 오른쪽 테이블에서 주어진 조건에 부합하는 데이터가 없더라도 오른쪽 테이블에 존재하는 모든 데이터는 반환하게 된다.

아래 세 질의문을 다시 비교해보자.

```
(1)   select * from tests
      where char_length(student_name) = 2;
```

```
(2)   select tests.*
      from tuitions right join tests
      on char_length(tests.student_name) = 2
      and tuitions.student_name = tests.student_name;

(3)   select * from tests;
```

LEFT JOIN과 차이가 없어 보일 수도 있지만, 여기서 주목해야 하는 것은 반환되는 결과값이 tests 테이블을 기본으로 하고 있다는 점이다. 그리고 이것이 LEFT JOIN과 RIGHT JOIN의 가장 큰 차이점이라고 할 수 있다.

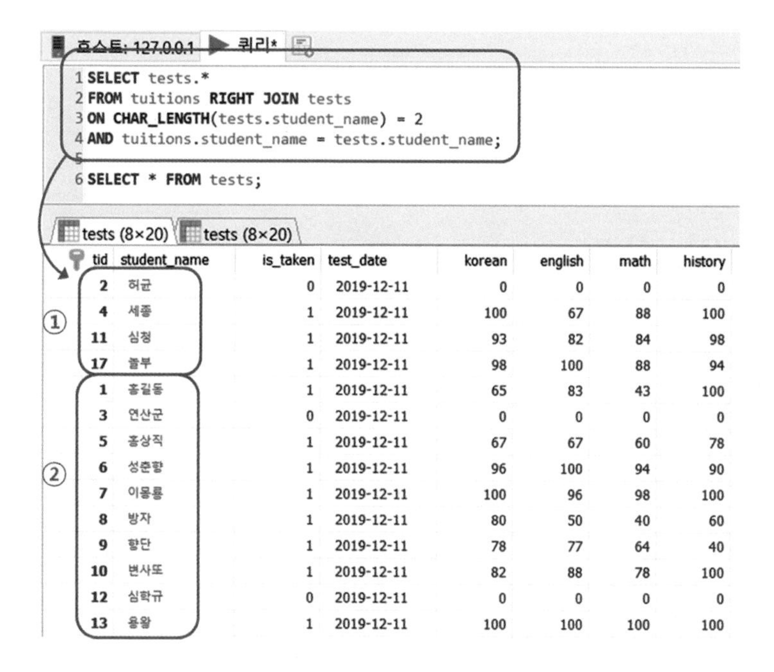

tid	student_name	is_taken	test_date	korean	english	math	history
2	허균	0	2019-12-11	0	0	0	0
4	세종	1	2019-12-11	100	67	88	100
11	심청	1	2019-12-11	93	82	84	98
17	놀부	1	2019-12-11	98	100	88	94
1	홍길동	1	2019-12-11	65	83	43	100
3	연산군	0	2019-12-11	0	0	0	0
5	홍상직	1	2019-12-11	67	67	60	78
6	성춘향	1	2019-12-11	96	100	94	90
7	이몽룡	1	2019-12-11	100	96	98	100
8	방자	1	2019-12-11	80	50	40	60
9	향단	1	2019-12-11	78	77	64	40
10	변사또	1	2019-12-11	82	88	78	100
12	심학규	0	2019-12-11	0	0	0	0
13	용왕	1	2019-12-11	100	100	100	100

결과값에 이름이 두 자인 방자, 향단, 용왕은 왜 상단에 출력되지 않았을까? 그것은 조건으로 제시했던 'tuitions.student_name = tests.student_name'에 만족하지 않기 때문이다. 즉, 조건에 만족하는 값을 먼저 반환한 뒤, 나머지 데이터를 반환하는 것이다.

이런 반환값의 형태는 다음과 같이 tests 테이블의 모든 데이터를 불러들이는 것과는 다른 것이다.

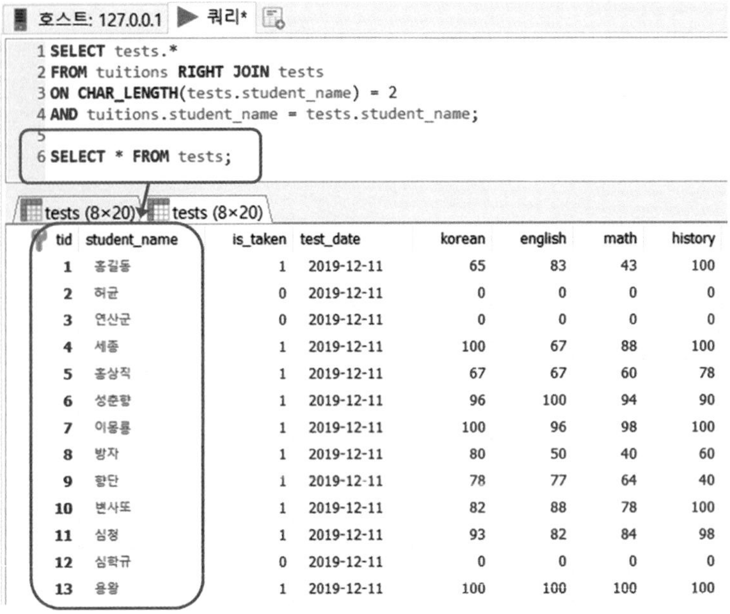

호스트: 127.0.0.1 ▶ 쿼리*

```
1 SELECT tests.*
2 FROM tuitions RIGHT JOIN tests
3 ON CHAR_LENGTH(tests.student_name) = 2
4 AND tuitions.student_name = tests.student_name;
5
6 SELECT * FROM tests;
```

tests (8×20) tests (8×20)

tid	student_name	is_taken	test_date	korean	english	math	history
1	홍길동	1	2019-12-11	65	83	43	100
2	허균	0	2019-12-11	0	0	0	0
3	연산군	0	2019-12-11	0	0	0	0
4	세종	1	2019-12-11	100	67	88	100
5	홍상직	1	2019-12-11	67	67	60	78
6	성춘향	1	2019-12-11	96	100	94	90
7	이몽룡	1	2019-12-11	100	96	98	100
8	방자	1	2019-12-11	80	50	40	60
9	향단	1	2019-12-11	78	77	64	40
10	변사또	1	2019-12-11	82	88	78	100
11	심청	1	2019-12-11	93	82	84	98
12	심학규	0	2019-12-11	0	0	0	0
13	용왕	1	2019-12-11	100	100	100	100

8-6. UNION 연산자

지금까지의 SELECT 문은 각각의 결과값만을 반환해왔다. 하지만 둘 이상의 SELECT 문을 실행한 결과값을 서로 병합해야 한다면 어떻게 할까? 이때 사용할 수 있는 것이 UNION과 UNION ALL 연산자다. 즉, UNION 연산자는 여러 질의문의 결과값을 하나로 병합하는 데 사용한다. 단, UNION 연산자를 사용하는 경우 동일한 데이터를 자동 배제하지만, UNION ALL의 경우 동일한 데이터가 있더라도 이를 배제하지 않은 결과값을 반환하게 된다.

UNION (ALL) 연산자는 하나의 DB 안에서 결과값을 묶어주는 경우뿐만 아니라 서로 다른 DB를 기반으로도 같은 작업을 수행할 수 있다. 여기서 주의해야 할 점은 병합하려는 결과값은 반드시 동일한 개수의 열(column)을 가지고 있어야 한다는 점이다.

UNION 연산자의 사용법을 제대로 살펴보기 위해 'students_2'라는 이름의 테이블을 새로 만들도록 하겠다.

```
use mydb;

create table students_2
(
      sid            int            auto_increment,
      student_name   varchar (20),
      school_name    varchar (20),
      school_level   varchar (10),
      school_grade   tinyint (1),
      student_gender varchar (2),
      student_age    int,
      is_enrolled    tinyint (1),
      enrolled_date  date,
      primary key (sid)
);

insert into students_2 (student_name, school_name, school_level, school_
grade, student_gender, student_age, is_enrolled, enrolled_date)
values ('홍길동', '활빈', '고등학교', 2, '남자', 16, 1, 20180201),
       ('허균', '활빈', '고등학교', 2, '남자', 32, 1, 20180201),
       ('연산군', '조선', '고등학교', 3, '남자', 36, 0, 20170528),
       ('홍상직', '조선', '고등학교', 2, '남자', 40, 0, 20180504),
       ('성춘향', '남원', '중학교', 3, '여자', 15, 1, 20190216),
       ('이몽룡', '남원', '고등학교', 1, '남자', 17, 1, 20180415),
       ('변사또', '남원', '고등학교', 3, '남자', 38, 1, 20170119),
       ('심청', '도화', '중학교', 2, '여자', 15, 1, 20190201),
       ('심학규', '도화', '고등학교', 3, '남자', 33, 1, 20180407),
       ('현진건', '대구노동', '고등학교', 2, '남자', 21, 1, 20170418),
       ('염상섭', '보성', '고등학교', 3, '남자', 23, 1, 20170903),
       ('신채호', '성균관', '대학교', 2, '남자', 22, 1, 20190104),
       ('안중근', '천주교', '고등학교', 3, '남자', 21, 1, 20170209),
       ('주시경', '배제', '고등학교', 3, '남자', 24, 1, 20181116);

select * from students_2;
```

이제 다음 두 질의문을 비교해보자.

```
select student_name, school_name, school_level from students
union
select student_name from students_2;
```

위 질의문을 실행하면 오류가 날 것이다. 그 이유는 열(column)의 개수가 맞지 않기 때문인데, 이를 해결하기 위해서는 NULL 키워드를 사용하여 열의 수를 맞춰주면 된다.

```
select student_name, school_name, school_level from students
union
select student_name, null, null from students_2;
```

호스트: 127.0.0.1 ▶ 쿼리*

```
1 SELECT student_name, school_name, school_level FROM students
2 UNION
3 SELECT student_name, NULL, NULL FROM students_2;
```

결과 #1 (3×31)

student_name	school_name	school_level
홍길동	활빈	고등학교
허균	활빈	고등학교
연산군	조선	고등학교
세종	조선	고등학교
홍상직	조선	고등학교
성춘향	남원	중학교
이몽룡	남원	고등학교
방자	남원	중학교
향단	남원	중학교
변사또	남원	고등학교
심청	도화	중학교
심학규	도화	고등학교
용왕	도화	고등학교
곽씨	도화	고등학교
뺑덕	도화	고등학교
흥부	남원	고등학교
놀부	남원	고등학교
홍길동	(NULL)	(NULL)
허균	(NULL)	(NULL)
연산군	(NULL)	(NULL)
홍상직	(NULL)	(NULL)

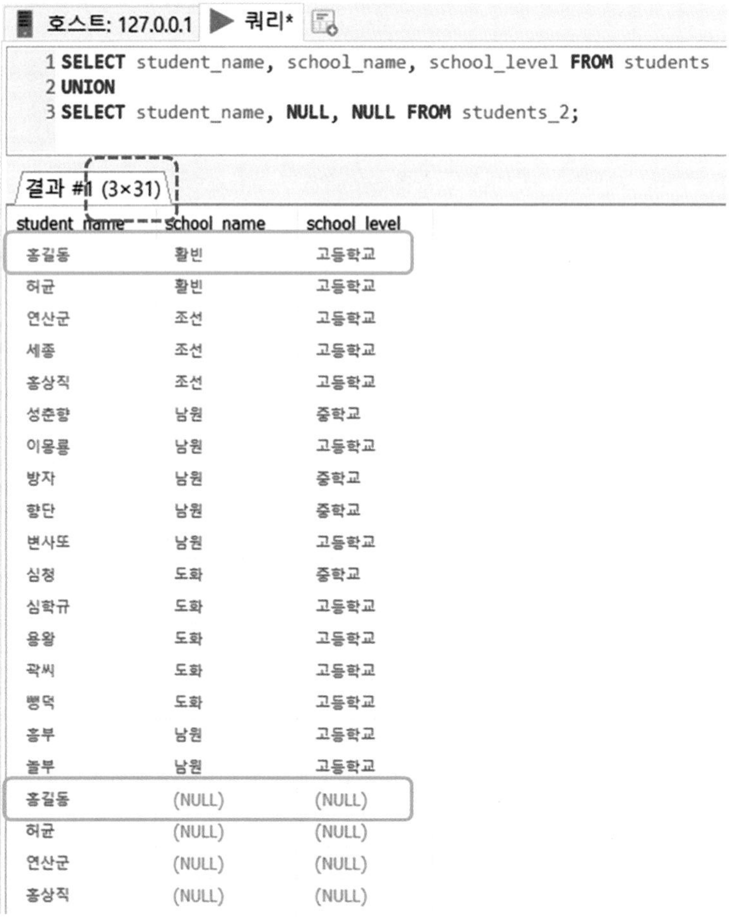

문제는 UNION 연산자를 사용했음에도 불구하고 '홍길동'과 그 이외의 학생이 여러 번 나타난다는 것이다. 이는 열 이름을 맞춰주지 않았기 때문이다. 이런 일을 방지하기 위해서는 열 이름을 모두 맞춰주어야 한다.

```
select student_name, school_name, school_level from students
union
select student_name, school_name, school_level from students_2;
```

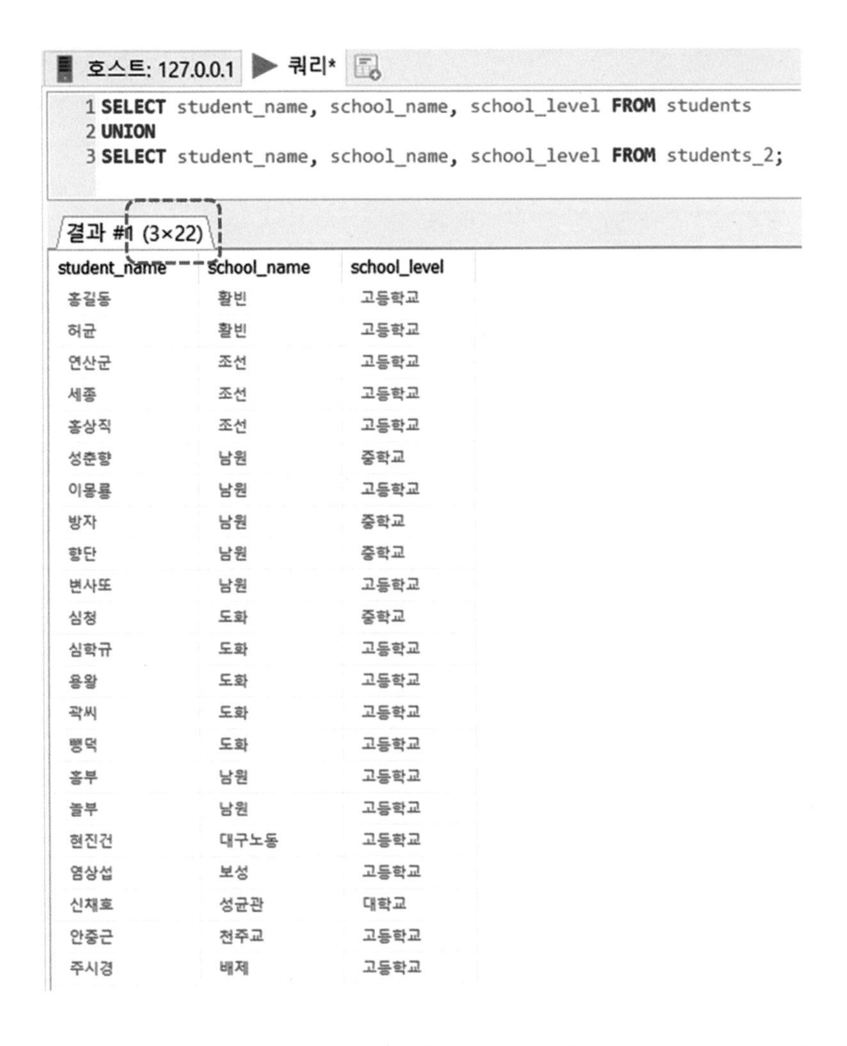


```
1 SELECT student_name, school_name, school_level FROM students
2 UNION
3 SELECT student_name, school_name, school_level FROM students_2;
```

student_name	school_name	school_level
홍길동	활빈	고등학교
허균	활빈	고등학교
연산군	조선	고등학교
세종	조선	고등학교
홍상직	조선	고등학교
성춘향	남원	중학교
이몽룡	남원	고등학교
방자	남원	중학교
향단	남원	중학교
변사또	남원	고등학교
심청	도화	중학교
심학규	도화	고등학교
용왕	도화	고등학교
곽씨	도화	고등학교
뺑덕	도화	고등학교
흥부	남원	고등학교
놀부	남원	고등학교
현진건	대구노동	고등학교
염상섭	보성	고등학교
신채호	성균관	대학교
안중근	천주교	고등학교
주시경	배제	고등학교

위에서 보듯이 이제는 중복되는 데이터가 존재하지 않는다. 이처럼 UNION을 사용할 때에는 열의 개수와 열의 이름을 모두 맞춰주어야 원하는 결과값을 받아볼 수 있다.

그럼 UNION ALL 연산자를 사용하는 경우에는 어떻게 달라지는지 확인해보자.

```
select student_name, school_name, school_level from students
union all
select student_name, school_name, school_level from students_2;
```

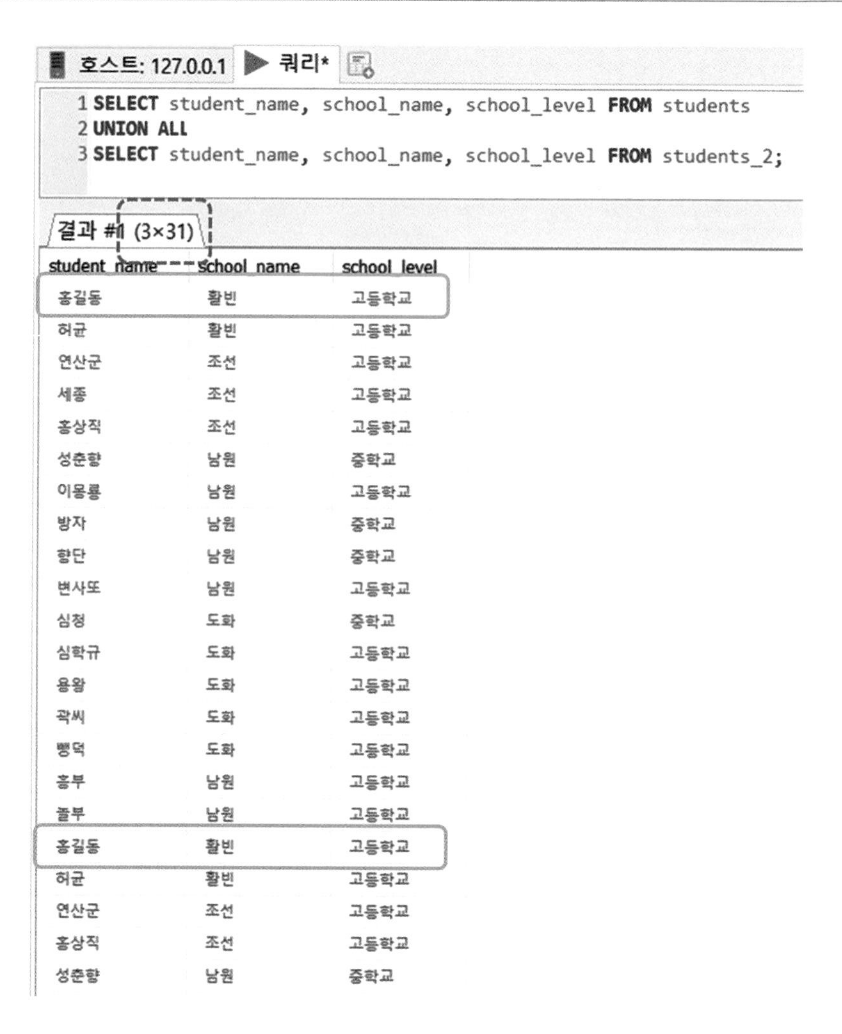

student_name	school_name	school_level
홍길동	활빈	고등학교
허균	활빈	고등학교
연산군	조선	고등학교
세종	조선	고등학교
홍상직	조선	고등학교
성춘향	남원	중학교
이몽룡	남원	고등학교
방자	남원	중학교
향단	남원	중학교
변사또	남원	고등학교
심청	도화	중학교
심학규	도화	고등학교
용왕	도화	고등학교
곽씨	도화	고등학교
뺑덕	도화	고등학교
흥부	남원	고등학교
놀부	남원	고등학교
홍길동	활빈	고등학교
허균	활빈	고등학교
연산군	조선	고등학교
홍상직	조선	고등학교
성춘향	남원	중학교

UNION ALL 연산자를 사용하는 경우 동일한 값을 배제하지 않고 모든 데이터를 반환하는 것을 볼 수 있다. 따라서 열 이름을 모두 맞춰주더라도 중복된 데이터를 다수 포함할 수 있다.

8-7. GROUP BY 연산자

GROUP BY는 동일한 데이터 값을 이용해 레코드의 수를 계산하는 데 사용된다. 예를 들어, 수학 점수가 OO점인 학생은 몇 명, OO점인 학생은 몇 명인지 계산하는 데 유용하게 사용된다. 때문에 GROUP BY 키워드는 주로 집계함수(COUNT, SUM, AVG, MIN, MAX, ...)와 함께 사용한다.

```
select math, count(tid) from tests
group by math
order by math desc;
```

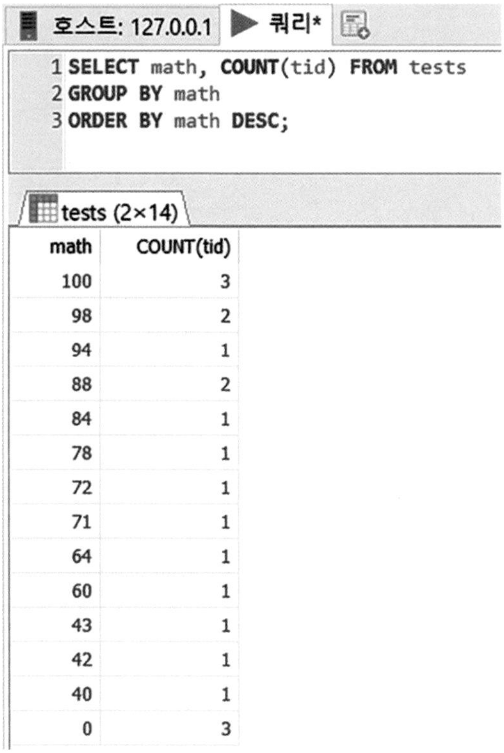

호스트: 127.0.0.1 ▶ 쿼리*

```
1 SELECT math, COUNT(tid) FROM tests
2 GROUP BY math
3 ORDER BY math DESC;
```

tests (2×14)

math	COUNT(tid)
100	3
98	2
94	1
88	2
84	1
78	1
72	1
71	1
64	1
60	1
43	1
42	1
40	1
0	3

위에서 보는 것처럼 GROUP BY 키워드를 사용하면 수학 시험에서 100점자가 3명, 98점이 2명, 94명이 1명처럼 각각의 점수 분포와 함께, 동점자가 각각 몇 명인지 손쉽게 알아볼 수 있다.

8-8. HAVING 연산자

HAVING 구문과 WHERE 구문은 모두 SQL 질의문에 조건을 제시하기 위해 사용한다. 하지만 WHERE 구문에는 COUNT, SUM, AVG, MIN, MAX 등과 같은 집계함수를 사용할 수 없는 반면, HAVING 구문에는 집계함수를 사용할 수 있다는 점이 다르다.

즉, WHERE 구문에서 집계함수 중 하나인 COUNT( )를 사용한 아래 질의문은 오류를 발생시킨다.

```
select school_name, count(sid) from students
group by school_name
where count(sid) > 4;
```

따라서 조건문에서 집계함수를 사용하기 위해서는 반드시 HAVING 구문을 사용해야 한다.

```
select school_name, count(sid) from students
group by school_name
having count(sid) > 4;
```

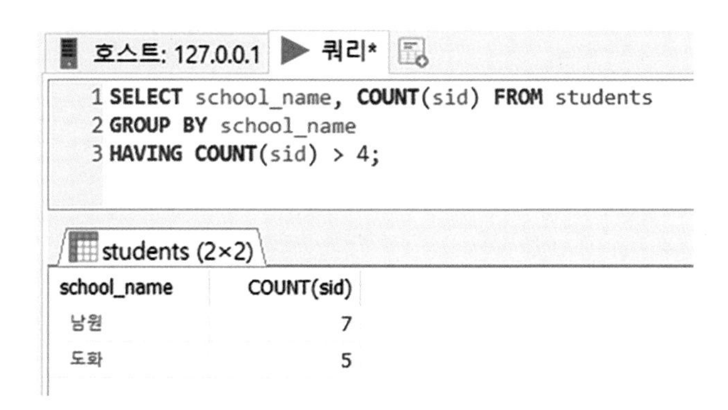

오해하지 말아야 할 것은, HAVING 구문이라고 해서 반드시 집계함수를 사용할 필요가 있는 것은 아니라는 점이다. 다음의 두 질의문은 똑같은 결과값을 반환할 것이다. 이처럼 집계함수를 사용하지 않는 경우, WHERE 문과 HAVING 문의 차이는 모호해질 수 있다.

```
select * from students where school_name like '도%';
select * from students having school_name like '도%';
```

그렇다면 WHERE과 HAVING의 정확한 차이점은 무엇일까? 아니, HAVING 구문이 WHERE 구문과 같은 역할을 할 수 있을 뿐만 아니라 집계함수도 사용할 수 있다면, 애초에 WHERE 문이 존재할 이유가 없는 것 아닌가라고 생각할 수도 있을 것이다. 따라서 이 둘의 차이점을 분명히 이해할 필요가 있다.

WHERE 문의 경우 연산이 가해지기 이전의 (원본) 테이블의 데이터값을 대상으로 조건을 적용하지만, HAVING 문의 경우 내부 정렬에 의해 그룹화된 결과값을 대상으로 조건을 적용하게 된다. 때문에 HAVING 구문은 GROUP BY 구문과 밀접한 관련을 가지게 되는데, 이러한 연산의 특징 때문에 WHERE 문은 GROUP BY 문보다 먼저 사용하는 것을 원칙으로 하고, HAVING 문은 GROUP BY 문보다 나중에 사용하는 것을 원칙으로 한다. 즉, 전체 데이터에 대한 조건 제시인가 아니면 특정 결과값에 대한 조건 제시인가에 따라 WHERE을 사용할지 HAVING을 사용할지 정해주어야 한다.

다음 질의문은 오류를 일으키게 된다. 이는 WHERE 구문을 GROUP BY보다 나중에 사용했기 때문이다.

```
select school_level, count(sid) from students
group by school_level
where school_level = '중학교';
```

하지만 다음과 같이 WHERE 구문을 GROUP BY보다 먼저 사용한다면 오류가 발생하지 않을 것이다.

```
select school_level, count(sid) from students
where school_level = '중학교'
group by school_level;
```

호스트: 127.0.0.1 ▶ 쿼리*

```
1 SELECT school_level, COUNT(sid) FROM students
2 WHERE school_level = '중학교'
3 GROUP BY school_level;
```

students (2×1)

school_level	COUNT(sid)
중학교	4

또 다른 해결방법은 GROUP BY 구문 뒤에 WHERE 구문을 사용하는 대신 HAVING 구문을 사용한다면, 이 또한 오류를 발생시키지 않는다.

```
select school_level, count(sid) from students
group by school_level
having school_level = '중학교';
```

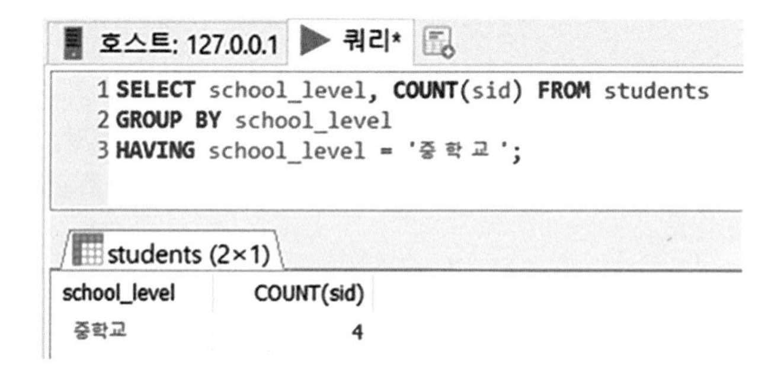

8-9. 테이블 복제 : INSERT INTO SELECT

INSERT INTO SELECT 문은 하나의 테이블에 저장된 데이터의 일부 혹은 전부를 다른 테이블로 복사하는 데 사용한다.

INSERT INTO SELECT 문을 사용하기 위해서는 데이터를 전송받을 테이블이 이미 존재해야 하며, 필드의 자료형도 일치해야 한다. 이미 데이터를 일부 가지고 있는 테이블의 경우, 기존의 데이터는 삭제되지 않고 자료가 추가되는 방식으로 복사가 이루어질 것이다.

```
INSERT INTO <받는 테이블 이름 (열 이름.1, 열 이름.2, 열 이름.3, ...)>
SELECT 열 이름.1, 열 이름.2, 열 이름.3, ...
FROM <보내는 테이블 이름>
WHERE <조건>
```

위에서 보는 것처럼 데이터의 일부만 전송받을 경우, 전송받을 테이블 이름 뒤에 괄호( )를 이용하여 원하는 열 이름을 나열해주게 된다.

그럼 자료를 전송받기 위해 새로운 테이블을 만들어주도록 하자.

```
create table tests_backup
(
        tid             int             auto_increment,
        name            varchar (20),
        is_taken        tinyint (1),
        test_date       date,
        korean          int             unsigned,
        english         int             unsigned,
        math            int             unsigned,
        history         int             unsigned,
        primary key (tid)
);
```

새로운 테이블에서 학생의 이름을 저장하려는 열의 이름을 'student_name'이라고 하지 않고, 그냥 'name'이라고 했다. 즉, 데이터를 넘겨받을 필드끼리의 자료형은 반드시 일치해야 하지만, 이름까지 일치할 필요는 없다는 뜻이다.

이제 tests 테이블의 데이터를 tests_backup 테이블로 복사해보자.

```
insert into tests_backup (tid, name, korean, english, math)
select tid, student_name, korean, english, math
from tests;

select * from tests_backup;
```

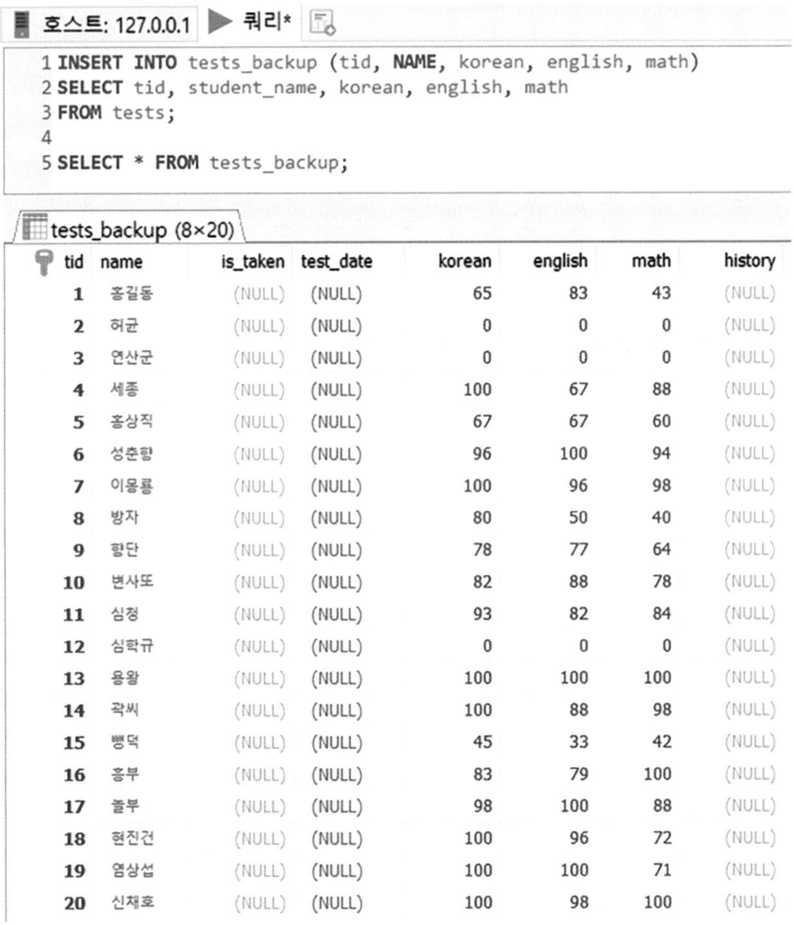

호스트: 127.0.0.1 쿼리*

```
1 INSERT INTO tests_backup (tid, NAME, korean, english, math)
2 SELECT tid, student_name, korean, english, math
3 FROM tests;
4
5 SELECT * FROM tests_backup;
```

tests_backup (8×20)

tid	name	is_taken	test_date	korean	english	math	history
1	홍길동	(NULL)	(NULL)	65	83	43	(NULL)
2	허균	(NULL)	(NULL)	0	0	0	(NULL)
3	연산군	(NULL)	(NULL)	0	0	0	(NULL)
4	세종	(NULL)	(NULL)	100	67	88	(NULL)
5	홍상직	(NULL)	(NULL)	67	67	60	(NULL)
6	성춘향	(NULL)	(NULL)	96	100	94	(NULL)
7	이몽룡	(NULL)	(NULL)	100	96	98	(NULL)
8	방자	(NULL)	(NULL)	80	50	40	(NULL)
9	향단	(NULL)	(NULL)	78	77	64	(NULL)
10	변사또	(NULL)	(NULL)	82	88	78	(NULL)
11	심청	(NULL)	(NULL)	93	82	84	(NULL)
12	심학규	(NULL)	(NULL)	0	0	0	(NULL)
13	용왕	(NULL)	(NULL)	100	100	100	(NULL)
14	곽씨	(NULL)	(NULL)	100	88	98	(NULL)
15	뺑덕	(NULL)	(NULL)	45	33	42	(NULL)
16	흥부	(NULL)	(NULL)	83	79	100	(NULL)
17	놀부	(NULL)	(NULL)	98	100	88	(NULL)
18	현진건	(NULL)	(NULL)	100	96	72	(NULL)
19	염상섭	(NULL)	(NULL)	100	100	71	(NULL)
20	신채호	(NULL)	(NULL)	100	98	100	(NULL)

위의 그림에서 보면, 모든 값을 넘겨받은 것이 아니기 때문에 몇몇 필드는 NULL 값으로 채워져 있는 것을 볼 수 있다. 그럼 여기에 추가적으로 is_taken, test_date, history 데이터값을 넘겨받는다면 어떻게 되는지 확인해보자.

```
insert into tests_backup (is_taken, test_date, history)
select is_taken, test_date, history
from tests;

select * from tests_backup;
```

호스트: 127.0.0.1 ▶ 쿼리*

```
1 INSERT INTO tests_backup (is_taken, test_date, history)
2 SELECT is_taken, test_date, history
3 FROM tests;
4
5 SELECT * FROM tests_backup;
```

tests_backup (8×40)

tid	name	is_taken	test_date	korean	english	math	history
1	홍길동	(NULL)	(NULL)	65	83	43	(NULL)
2	허균	(NULL)	(NULL)	0	0	0	(NULL)
3	연산군	(NULL)	(NULL)	0	0	0	(NULL)
4	세종	(NULL)	(NULL)	100	67	88	(NULL)
5	홍상직	(NULL)	(NULL)	67	67	60	(NULL)
6	성춘향	(NULL)	(NULL)	96	100	94	(NULL)
7	이몽룡	(NULL)	(NULL)	100	96	98	(NULL)
8	방자	(NULL)	(NULL)	80	50	40	(NULL)
9	향단	(NULL)	(NULL)	78	77	64	(NULL)
10	변사또	(NULL)	(NULL)	82	88	78	(NULL)
11	심청	(NULL)	(NULL)	93	82	84	(NULL)
12	심학규	(NULL)	(NULL)	0	0	0	(NULL)
13	용왕	(NULL)	(NULL)	100	100	100	(NULL)
14	곽씨	(NULL)	(NULL)	100	88	98	(NULL)
15	뺑덕	(NULL)	(NULL)	45	33	42	(NULL)
16	흥부	(NULL)	(NULL)	83	79	100	(NULL)
17	놀부	(NULL)	(NULL)	98	100	88	(NULL)
18	현진건	(NULL)	(NULL)	100	96	72	(NULL)
19	염상섭	(NULL)	(NULL)	100	100	71	(NULL)
20	신채호	(NULL)	(NULL)	100	98	100	(NULL)
21	(NULL)	1	2019-12-11	(NULL)	(NULL)	(NULL)	100
22	(NULL)	0	2019-12-11	(NULL)	(NULL)	(NULL)	0
23	(NULL)	0	2019-12-11	(NULL)	(NULL)	(NULL)	0
24	(NULL)	1	2019-12-11	(NULL)	(NULL)	(NULL)	100
25	(NULL)	1	2019-12-11	(NULL)	(NULL)	(NULL)	78
26	(NULL)	1	2019-12-11	(NULL)	(NULL)	(NULL)	90

앞의 그림에서 보는 것처럼, 비어있던 자리를 채워주는 것이 아니라 새로운 행을 추가하여 데이터를 넘겨받고 있음을 알 수 있다. 따라서 온전한 백업 테이블을 만들고자 한다면 다음과 같이 하나의 질의문으로 모든 데이터를 한 번에 넘겨받아야 한다.

```
insert into tests_backup
select * from tests
```

8-10. 테이블 이름 변경 : RENAME TABLE

다양한 테이블을 만들어 관리하다 보면 보다 효과적인 관리를 위해 이미 만들어진 테이블의 이름을 바꿔야 하는 경우가 생길 수도 있다. 이를 위해 사용하는 질의문이 'RENAME TABLE' 이다.

```
RENAME TABLE 〈테이블의 현재 이름〉 TO 〈테이블의 새 이름〉
```

```
use mydb;
show tables;
```

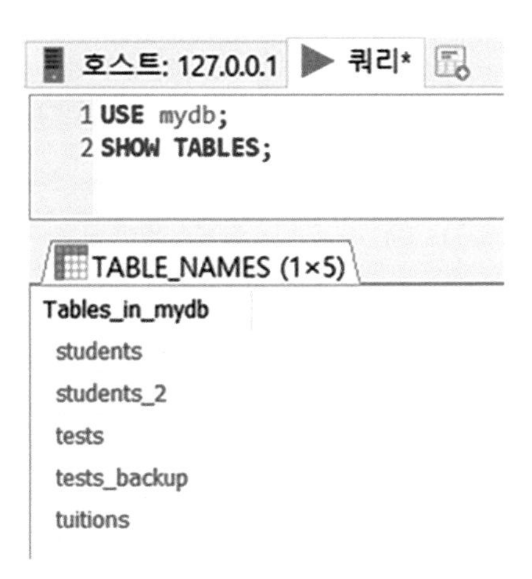

위 그림에서 보는 것처럼 현재 사용 중인 DB 'mydb' 안에는 5개의 테이블이 존재한다. 이 중에서 'students' 테이블이 이름을 'students_1'로 바꿔보도록 하자.

```
rename table students to students_1;
show tables;
```

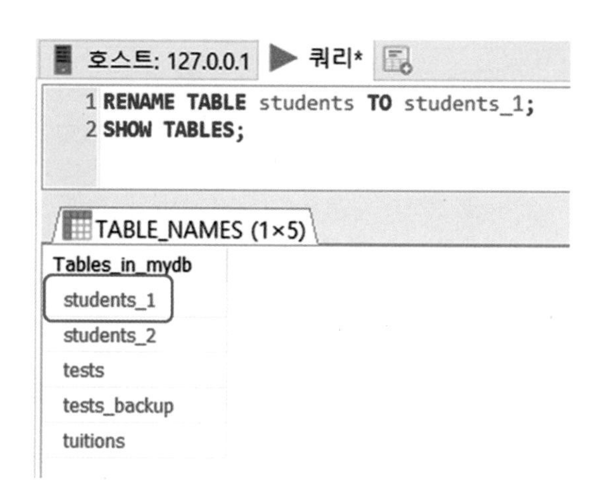

8-11. 제약조건 : CONSTRAINTS

SQL 제약조건을 통해 테이블 안에 저장될 데이터의 규칙을 정할 수 있다. 즉, 미리 정해진 형태의 데이터만 입력을 허용하는 것으로, 이를 통해 데이터의 무결성과 신뢰성을 보장할 수 있게 되는 것이다. 제약조건은 원칙적으로 테이블을 생성할 때 지정하는 것이지만, 테이블이 만들어진 뒤 필요에 따라 변경하고자 할 때는 'ALTER TABLE'의 'MODIFY COLUMN' 혹은 'CHANGE (COLUMN)'을 이용해 수정할 수 있다. 그리고 제약조건은 열(column)뿐만 아니라 테이블 전체를 기준으로 부여하는 것도 가능하다. 다음은 가장 일반적으로 사용하는 제약조건(constraint)이다.

NULL	입력값이 NULL(공백)인 것을 허용한다.
NOT NULL	입력값이 NULL(공백)인 것을 허용하지 않는다.
DEFAULT	입력된 값이 없는 경우, 기본값을 무엇으로 할지 정한다.
UNSIGNED	부호 없는 수를 사용한다. 즉, 양수만 가능하고 음수는 사용할 수 없다.
UNIQUE	입력된 값은 해당 열에서 유일한 값이어야 한다.

PRIMARY KEY	해당 열을 테이블의 기본키로 설정한다.
FOREIGN KEY	해당 열을 테이블의 외래키로 설정한다.
CHECK	입력된 값이 주어진 조건에 만족하는지 확인한다.
AUTO_INCREMENT	새로운 레코드가 삽입될 때마다 자동으로 번호를 부여하는데, 시작값을 따로 정하지 않았다면 '1'부터 시작하는 것을 원칙으로 하고, 새로운 레코드가 삽입될 때마다 '1'씩 증가한다.

각각의 열에 필요한 만큼의 제약조건을 부여할 수 있으며, 제약조건은 자료형 선언 뒤에 하면 된다. 단, PRIMARY KEY, FOREIGN KEY, UNIQUE, CHECK는 따로 선언을 해주는 것이 관례다.

```
create table temp
(
	id		int		auto_increment,
	name		varchar (100)	not null,
	age		int		unsigned not null,
	deposit		double		unsigned null,
	address		varchar (255)	default '서울',

	primary key (id),
	unique (name),
	check (age >= 18)
);
```

이제 새로운 테이블에 데이터를 삽입해보도록 하겠다.

```
insert into temp (name, age, deposit)
values ('이름1', 25, 30000),
	('이름2', 28, 80000),
	('이름3', 17, 40000);
```

위의 데이터는 오류를 발생시킬 것이다. 세 번째 데이터의 나이가 17살로 CHECK에서 제시하고 있는 조건(check (age>= 18))에 만족하지 않기 때문이다. 다음과 같이 수정해준다면 정상적으로 데이터를 입력할 수 있다.

```
insert into temp (name, age, deposit)
values ('이름1', 25, 30000),
       ('이름2', 28, 80000),
       ('이름3', 27, 40000);
```

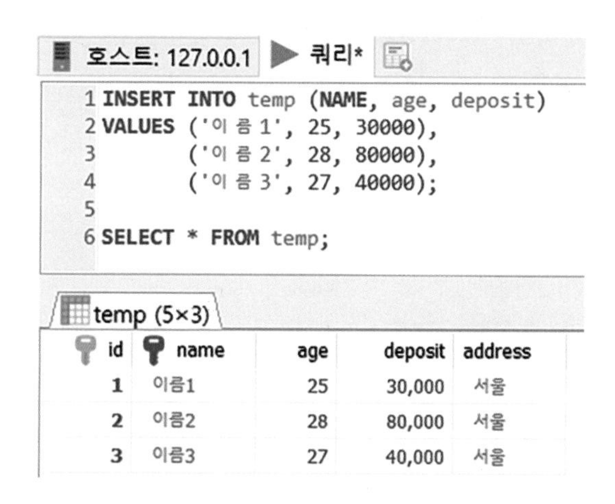

위 그림에서 보는 것처럼 'UNIQUE'로 지정한 열, name 위에 빨간색 열쇠 그림이 붙어있는 것을 볼 수 있다. HeidiSQL에서는 이처럼 특별한 의미를 가진 열에 서로 다른 색의 열쇠 그림을 붙여준다.

8-12. FOREIGN KEY의 이해

'외래키', '외부키' 혹은 '참조키'라고도 불리는 FOREIGN KEY(이하 FK)는 기본키(PRIMARY KEY, 이하 PK)와 마찬가지로 DB를 운영하는 데 있어 매우 중요한 역할을 담당한다.

DB를 운영하다 보면 일반적으로 여러 개의 테이블을 필요에 따라 만들어 사용하게 되는데, 이때 각각의 테이블은 독립적으로 운영되기도 하지만 서로의 데이터를 참조하기도 한다. 이를 위해 사용하는 것이 바로 FK다. FK를 사용함으로써 테이블 간 데이터의 무결성을 보장받을 수 있고, 테이블 간의 링크가 무너지는 것을 방지할 수 있다.

이러한 FOREIGN KEY는 다음과 같은 규칙을 따른다.

1. FK가 정의된 테이블이 자식 테이블(child table)이다.
2. 자식 테이블로부터 참조되는 테이블을 부모 테이블(parent table)이라고 한다.
3. 부모 테이블과 자식 테이블은 모두 InnoDB여야 한다.
4. 부모 테이블은 미리 생성되어 있어야 한다.
5. 부모 테이블의 참조되는 열(column)에 존재하는 값만 자식 테이블에 입력할 수 있다.
6. FK에 의해 연결된 부모 테이블은 삭제가 불가능하다.
7. REFERENCES 키워드를 이용해 참조할 부모 테이블의 열(column)을 지정해주어야 한다.
8. 참조하는 열은 PK 혹은 UNIQUE로 지정되어 있어야 한다.
9. FK의 이름과 참조하는 부모 테이블의 열 이름은 서로 다를 수 있다. (단, 일치시키는 것이 일반적)
10. 부모 테이블이 사용하는 문자 셋(character set)과 자식 테이블이 사용하는 문자 셋이 일치해야 한다.
11. FK의 자료형과 참조하는 부모 테이블 열의 자료형이 일치해야 한다.
12. 자료형이 BLOB 혹은 TEXT 형인 열은 FK로 선언할 수 없다.
13. FK는 테이블 생성 시 혹은 생성 후에 ALTER 명령어로 선언할 수 있다.

8-12-1. FOREIGN KEY 생성

FK를 생성하기 위해서는 자식 테이블을 선언할 때 다음과 같은 질의어를 삽입해주게 된다.

```
CONSTRAINT 〈FK_이름〉
FOREIGN KEY (자식 테이블의 열 이름) REFERENCES 〈부모 테이블 이름〉 (부모 테이블의 열 이름)
```

DB 용어 정리 9

InnoDB는 MySQL을 위한 DB 엔진으로, 또 다른 DB 엔진인 MyISAM의 단점을 보안하기 위해 만들어졌다. MyISAM의 상대적으로 단순한 구조 때문에 SELECT 등 일부 질의문의 처리 시간이 짧다는 장점이 있지만, MyISAM은 데이터의 무결성을 보장하지 않는다는 단점이 있다. 이를 개선한 DB 엔진이 바로 InnoDB다. 또한 MyISAM이 테이블 단위 Lock을 사용했다면, InnoDB는 행 단위 Lock을 사용하기 때문에 테이블의 변경을 위한 질의어인 INSERT, UPDATE, DELETE 등에 대한 처리 속도가 MyISAM보다 빠르다.

이미 만든 테이블을 이용할 수도 있지만, 좀 더 쉽고 정확하게 FK를 이해하기 위해 두 개의 새로운 테이블을 만들도록 하겠다.

```
/* 부모 테이블 생성 */
create table parent
(
    region_id                int              not null,
    region                   varchar (10)     not null,
    primary key (region_id)
) engine = innodb default character set=utf8;

/* 부모 테이블에 데이터 삽입 */
insert into parent (region_id, region)
values (1, '서울'), (2, '경기'), (3, '부산');

/* 자식 테이블 생성 */
create table child
(
    cid                  int              not null    auto_increment,
    region_id            int              not null
    name                 varchar (10)     not null
    primary key (cid),
    constraint fk_region foreign key (region_id) references parent (region_id)
) engine = InnoDB default character set=utf8;
```

위에서 보는 것처럼 자식 테이블(child)에서 FK를 region_id로 선언하고 REFERENCES 키워드를 통해 부모 테이블(parent)의 region_id를 참조하도록 해주었다. 이제 자식 테이블인

child를 삭제하지 않는 한, 부모 테이블인 parent를 삭제할 수 없으며, 부모 테이블에서 저장된 값 1, 2, 3 이외의 지역을 자식 테이블에 저장할 수 없게 되었다.

```
drop table parent;
```

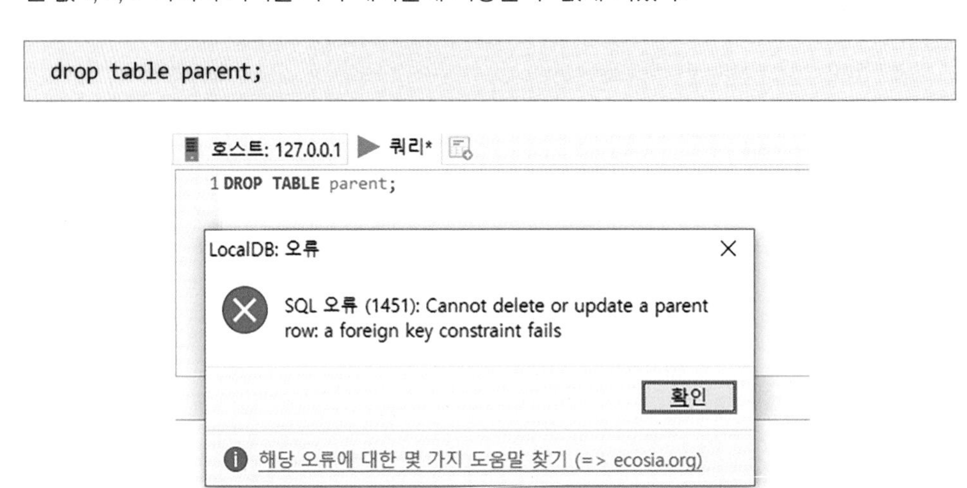

위의 오류는 자식 테이블을 삭제하지 않은 채로 부모 테이블을 삭제하려 했기 때문에 발생한 것이다. 그리고 부모 테이블에 존재하지 않는 데이터 '4'를 자식 테이블에 삽입하는 다음 질의문 역시 오류를 발생시킨다.

```
insert into child (region_id, name)
values (1, '손오공'),
       (2, '저팔계'),
       (3, '사오정'),
       (4, '현장');
```

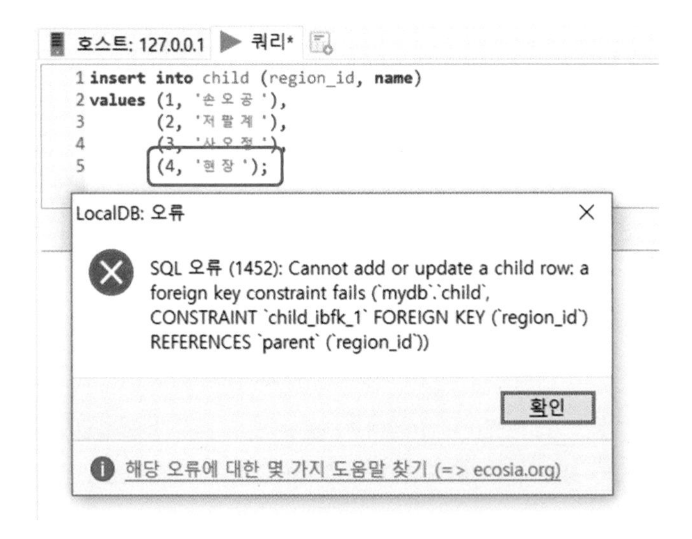

하지만 부모 테이블에 존재하지 않는 지역 코드 4 대신 1, 2, 3처럼 부모 테이블에 존재하는 지역 코드로 바꾼다면 아무런 문제가 생기지 않을 것이다.

```
insert into child (region_id, name)
values (1, '손오공'),
       (2, '저팔계'),
       (3, '사오정'),
       (2, '현장');

select * from child;
```

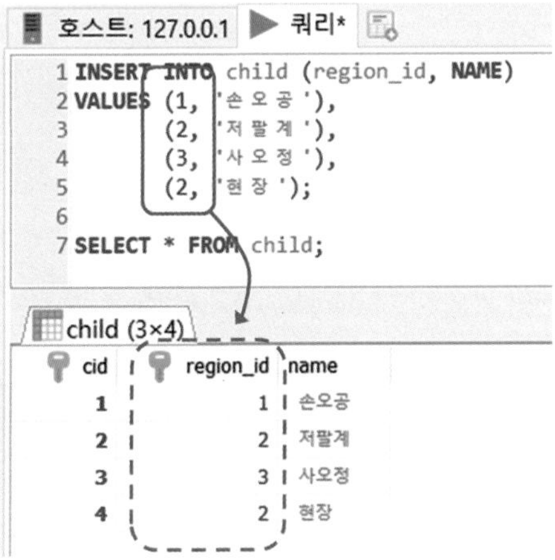

이처럼 FK를 이용하여 테이블 간의 '상하 관계'를 만들어주면 원치 않는 데이터가 입력되는 것을 막아 데이터의 무결성을 보장받을 수 있게 된다.

8-12-2. FOREIGN KEY 삭제

FOREIGN KEY를 삭제하고자 할 때는 ALTER TABLE와 DROP을 함께 사용한다.

```
ALTER TABLE 〈테이블 이름〉
DROP CONSTRAINT 〈FK_이름〉;
```

```
alter table child
drop constraint fk_region;
```

8-12-3. FOREIGN KEY 추가

테이블을 생성한 이후에 따로 FOREIGN KEY를 추가하고자 할 때는 ALTER TABLE와 ADD를 함께 사용한다.

```
ALTER TABLE 〈테이블 이름〉
ADD CONSTRAINT 〈FK_이름〉
FOREIGN KEY (자식 테이블의 열 이름)
REFERENCES 〈부모 테이블 이름〉 (부모 테이블의 열 이름)
```

```
alter table child
add constraint fk_region
foreign key (region_id)
references parent (region_id);
```

하나의 테이블에 여러 개의 기본키(primary key)가 존재할 수 있었던 것처럼 외래키(foreign key) 역시 필요한 만큼 만들어 사용할 수 있다.

8-13. INDEX의 이해

CREATE INDEX 문은 테이블에서 색인을 생성하는 데 사용된다. 색인을 생성한 열(column)은 보다 빠른 데이터의 검색이 가능하다. 다만 DB의 사용자는 색인(index)을 볼 수 없고 검색 속도를 높이는 데만 사용된다. 그러나 테이블이 색인을 가지고 있으면 테이블을 업데이트 할 때 더 많은 시간이 필요하다. 따라서 자주 검색을 해야 하는 열(column)에만 색인을 만들도록 하자.

8-13-1. INDEX 생성

```
CREATE INDEX <색인 이름>
ON <테이블 이름> (열 이름.1, 열 이름.2, ...., 열 이름.n);
```

```
create index idx_name
on students_1 (student_name, school_name);
```

외래키의 이름 앞에 'fk_'를 붙여주는 것과 마찬가지로 색인 이름은 앞에는 'idx_' 붙여주는 것이 관례다.

8-13-2. INDEX 삭제

색인을 제거할 때는 ALTER TABLE와 DROP을 함께 사용한다.

```
ALTER TABLE <테이블 이름>
DROP INDEX <색인 이름>;
```

```
alter table students_1
drop index idx_name;
```

8-14. 반복 프로시저의 저장 및 재사용

SQL에서 제공하는 막강한 기능 중 하나인 'STORED PROCEDURE'는 반복적으로 사용하는 SQL 질의문을 별도의 이름으로 저장하여 매크로 혹은 하나의 작은 프로그램처럼 재사용할 수 있도록 하는 기능이다. 반복적인 작업이 많은 DB 관리에 있어 매우 유용한 기능이 아닐 수 없다. STORED PROCEDURE는 사용자 정의 '함수'의 형태로 저장되므로 이름 뒤에는 반드시 괄호( ) 표시를 넣어주어야 한다.

8-14-1. 반복 프로시저 생성

```
CREATE PROCEDURE 〈프로시저 이름〉( )
〈실행을 원하는 SQL 질의문〉;
```

```
create procedure show_all_schools()
select distinct school_name from students_1 where school_name is not null;

call show_all_schools();
```

위에서 보는 것처럼 저장된 프로시저를 불러올 때는 'call 〈프로시저 이름〉( )'라고 입력하면 된다.

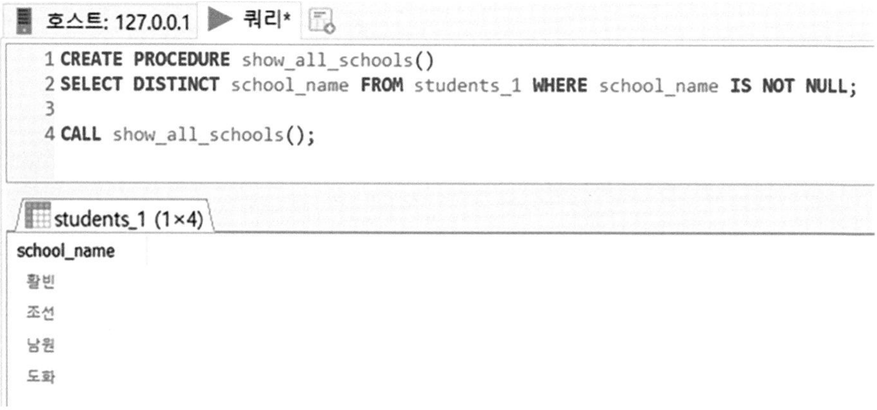

호스트: 127.0.0.1 ▶ 쿼리*

```
1 CREATE PROCEDURE show_all_schools()
2 SELECT DISTINCT school_name FROM students_1 WHERE school_name IS NOT NULL;
3
4 CALL show_all_schools();
```

students_1 (1×4)

school_name
활빈
조선
남원
도화

8-14-2. 반복 프로시저 삭제

반복 프로시저를 삭제하고자 할 때는 DROP 키워드를 사용한다.

```
DROP PROCEDURE 〈프로시저 이름〉;
```

```
drop procedure show_all_schools;
```

단, 삭제할 때는 프로시저 이름 뒤에 괄호( )를 붙이지 않는다.

9. 사용자 계정 관리

DB를 운영하다 보면 여러 명의 관리자가 필요할 수도 있고, 일부 기능만 허용하는 사용자도 필요할 수 있다. 이 모든 사람이 하나의 관리자 계정을 함께 사용하는 것은 매우 적절치 않은 방법이다. 따라서 새로운 사용자를 등록하고 권한을 부여하거나 한정할 줄 알아야 한다.

9-1. 새로운 사용자 등록

```
CREATE USER '〈사용자 이름〉'@'localhost' IDENTIFIED BY '〈비밀번호〉';
```

본서에서는 'hello'라는 이름의 사용자를 추가할 것이다. 아래 질의문을 실행하도록 하자. 단, 비밀번호는 각자 원하는 것으로 지정해주면 된다. 본서에서 선택한 비밀번호는 'helloworld'다.

```
create user 'hello'@'localhost' identified by 'helloworld';
```

사용자를 관리할 때 사용하는 질의문에는 홑따옴표를 자주 사용하게 되는데, 이 홑따옴표는 생략할 수 없다.

위의 질의문에서 사용자 이름 뒤에 'localhost'라고 적어주면 로컬 접속만을 허용하는 것이다. 원격 접속을 허용하고자 한다면 'hello'@'%'라고 적어주게 된다. 뿐만 아니라 특정 위치에서의 접근만 허용하고자 한다면 '192.168.*.*'처럼 IP 주소를 지정하는 것도 가능하다. 단, 로컬 접속을 위한 계정과 원격 접속을 위한 계정 등 각각의 계정은 서로 다른 것으로 취급하기 때문에 접속을 허용하고자 하는 위치가 다양하다면 각각의 계정을 따로 만들어주어야 하고 권한설정도 각각 해주어야 한다.

9-2. 권한 부여

새로운 사용자로 DB를 운영하려면 먼저 해당 사용자에게 권한을 부여해야 한다. 권한을 부여하기 위해 사용하는 키워드는 'GRANT'다.

```
GRANT 〈허용하는 질의어.1, 질의어.2, ..., 질의어.n〉 ON 〈허용 DB 이름〉 TO '〈사용자 이름〉'@'localhost';
```

```
grant select, insert, update, delete, create, drop, alter on mysql.* to
'hello'@'localhost';
```

위와 같이 각각의 사용자마다 사용 가능한 질의어를 한정해줄 수도 있고, 모든 권한을 부여할 수도 있다. 모든 권한을 부여하고자 한다면 'grant all privileges'라고 적어주면 된다. 또한, DB에 존재하는 모든 테이블에 접근을 허용하는 경우 위와 같이 'mysql.*'이라고 뒤에 '*'를 붙여주면 되지만, 특정 테이블에만 접근할 수 있게 하려면 'mysql.event'와 같이 테이블 이름까지 지정해줄 수도 있다. 마찬가지로 모든 DB와 모든 테이블에 접근을 허용하려면 '*.*'라고 적어주면 된다.

예 mysql.event : mysql 데이터베이스의 event 테이블만 접근 가능
mysql.* : mysql 데이터베이스의 모든 테이블에 접근 가능
. : 모든 데이터베이스의 모든 테이블에 접근 가능

```
grant all privileges on *.* to 'hello'@'localhost';
```

위 질의문은 사용자 'hello'에게 모든 DB에 대한 모든 권한을 부여하고 있다.

9-3. 권한 제한

사용자에게 권한을 부여할 수 있다면, 권한을 제한하거나 회수할 수도 있다. 이미 부여한 권한을 되돌리기 위해서는 다음과 같이 'REVOKE' 질의어를 사용하게 된다.

```
REVOKE 〈제한하는 질의어.1, 질의어.2, ..., 질의어.n〉 ON 〈제한하는 DB〉 FROM '〈사용자 이름〉'@'localhost';
```

```
revoke all privileges on *.* from 'hello'@'localhost';
```

위 질의문은 사용자 'hello'로부터 모든 권한을 회수하는 질의문이다. 모든 권한이 아닌 특정 권한만 선택적으로 회수하기를 원한다면 'all privileges' 대신에 회수하고자 하는 질의어를 다음과 같이 콤마(,)로 나열해주면 된다. 아래 질의문은 'hello' 사용자로부터 create, drop, delete 세 개 질의어의 사용 권한을 제한할 것이다.

```
revoke create, drop, delete on *.* from 'hello'@'localhost';
```

9-4. 사용자 삭제

권한만 회수하는 것이 아니라 사용자 자체를 삭제해야 하는 경우도 분명 있을 것이다. 이미 등록된 사용자의 계정을 삭제하고자 한다면 다음과 같이 'DROP USER' 질의어를 사용하게 된다.

```
DROP USER '<사용자 이름>'@'<접근 위치>'
```

```
drop user 'hello'@'localhost';
```

위 질의문은 'localhost'에서 접근하는 사용자 'hello'의 계정을 삭제하고 있다.

10. DB의 백업 및 복원

DB를 만들고 관리하는 목적이 데이터의 저장인 만큼, DB를 백업하고 복원할 수 있어야 하는 것은 너무나 당연한 일이다. DB 전체를 백업할 수도 있고, 일부분만 백업하는 방법도 있다. 단, 일반 사용자는 DB를 백업하거나 복원할 수 있는 권한이 없으며 오직 최고 관리자(root)만 이 기능을 실행할 수 있다.

모든 권한을 부여받은 사용자도 DB의 백업과 복원은 할 수 없다. 오직 root 사용자에게만 허락된 권한이다.

또한, 백업 기능에 사용하는 명령어인 'mysqldump'는 SQL의 질의어가 아니다. 따라서 HeidiSQL 등의 SQL 관리프로그램 안에서는 작동하지 않으며, 윈도우의 명령 프롬프트 창을 열어 실행해야 한다.

윈도우의 명령 프롬프트를 열어 MariaDB가 설치된 폴더로 이동해보자. MariaDB는 기본적으로 C:₩Program Files 밑에 'MariaDB xx.xx'라는 이름으로 설치된다. MariaDB가 설치된 폴더에 들어가면 'bin'이라는 이름의 폴더가 있을 것이다. DB를 백업하거나 복원하기 위해서는 이 'bin' 폴더에 들어가서 다음과 같은 명령어를 사용하게 된다.

```
MYSQLDUMP -u [관리자 아이디] -p [관리자 비밀번호] [백업형태 선택] > [백업파일의 위치 및 이름]
```

윈도우에서 명령 프롬프트를 실행하는 명령어는 'cmd'다. 단, 이때 명령 프롬프트를 관리자 권한으로 실행해야 정상적인 백업과 복원 기능을 사용할 수 있다.

10-1. 모든 DB 백업

```
mysqldump -u root -p -A > c:\maria_backup.sql
```

관리자: 명령 프롬프트

```
C:₩Program Files₩MariaDB₩bin>mysqldump -u root -p -A > c:₩maria_backup.sql
Enter password: ******

C:₩Program Files₩MariaDB₩bin>
```

위 명령어에서 '-A'는 모든 데이터베이스를 의미한다. 또한 -p 뒤에 비밀번호를 직접 입력해 주어도 되지만, 위에서처럼 비밀번호를 입력하지 않고 실행해서 따로 입력받도록 유도할 수도 있다.

별다른 오류 메시지가 나타나지 않았다면 백업이 성공적으로 마무리되었다는 뜻이다.

> 모든 DB의 백업을 위해서 사용하는 명령어 옵션은 '-A'와 '--all-databases' 두 가지인데, 기능과 결과는 동일하다.

10-2. 특정 DB 백업

DB 서버에는 여러 개의 DB가 존재할 수 있다. 이때 특정 DB만 백업하고자 한다면 '-A' 대신 다음과 같이 원하는 DB 이름을 적어주면 된다.

```
mysqldump -u root -p mydb > c:\mydb_backup.sql
```

관리자: 명령 프롬프트

```
C:₩Program Files₩MariaDB₩bin>mysqldump -u root -p mydb > c:₩mydb_backup.sql
Enter password: ******

C:₩Program Files₩MariaDB₩bin>
```

10-3. 여러 DB 백업

DB 서버에 존재하는 DB 중 하나가 아닌 여러 DB를 한 번에 백업하기 위해서는 다음과 같이 DB의 이름을 나열해주게 된다. 단, 이때 SQL의 질의어들처럼 콤마를 사용하지는 않는다.

```
MYSQLDUMP -u root -p —databases [DB.1] [DB.2] ... [DB.n] 〉 [백업파일의 위치 및 원하는 파일명]
```

```
mysqldump -u root -p --databases mydb mysql > c:\mydb_mysql_backup.sql
```

```
관리자: 명령 프롬프트
C:₩Program Files₩MariaDB₩bin>mysqldump -u root -p --databases mydb mysql > c:₩mydb_mysql_backup.sql
Enter password: ******

C:₩Program Files₩MariaDB₩bin>
```

10-4. 특정 DB의 특정 테이블 백업

DB를 특정해서 백업할 수 있을 뿐 아니라, 특정 DB의 특정 테이블만 백업하는 것도 가능하다. 이를 위해서는 다음과 같이 DB 이름 뒤에 원하는 테이블의 이름을 적어주기만 하면 된다.

```
MYSQLDUMP -u root -p [DB 이름] [테이블 이름] 〉 [백업파일의 위치 및 원하는 파일명]
```

```
mysqldump -u root -p mydb tests > c:\mydb_tests_backup.sql
```

위의 명령어를 실행하면 mydb 데이터베이스에 존재하는 여러 테이블 중에서 tests 테이블만을 백업할 것이다.

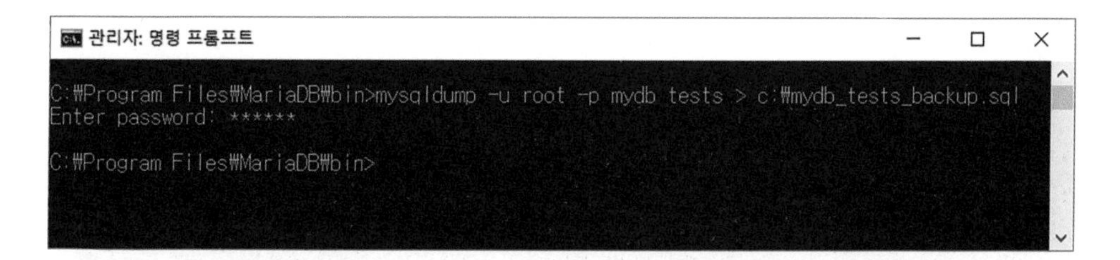

10-5. 데이터 없이 DB의 구조만 백업

DB 안에 저장된 데이터 없이 단지 DB의 구조만 백업할 수도 있다. 이때 사용하는 옵션이 '--no-data'인데, DB의 이름은 이 옵션 뒤에 적어주어야 한다.

모든 DB의 구조 백업

```
mysqldump -u root -p --no-data -A > c:\alldb_schema_only.sql
```

특정 DB의 구조 백업

```
mysqldump -u root -p --no-data mydb > c:\mydb_schema_only.sql
```

10-6. 자동 백업

만일의 사태를 대비해 주기적으로 DB를 백업하는 것은 두말할 것 없이 중요하다. 하지만 아쉽게도 무료로 제공되는 DB 관리 도구에서 이 기능을 찾기는 쉽지 않다. 때문에 배치파일(.bat)을 따로 만든 뒤에 윈도우에서 제공하는 '작업 스케줄러'와 연동하는 방식을 사용하는 것이 일반적이다.

STEP.1 텍스트 파일 편집기(노트패드 등)를 열어 아래 내용을 입력한 뒤 배치파일(.bat)로 저장한다.

```
ECHO MariaDB Database Backup
mysqldump -u root -p [관리자 비밀번호] -A > [백업파일 위치]\Backup_%date%.sql

ECHO Delete the file(s) passed more than 30 days
forfiles /P [백업파일 위치] /S /M *.sql  /D -30 /C "cmd /c del @file"
```

위의 도스(DOS) 명령어는 DB의 백업뿐만 아니라, 30일이 지난 파일을 순차적으로 삭제하도록 하고 있다. 30일이라는 날짜를 변경하고 싶다면 '/D' 뒤에 '-30'이라고 쓰인 부분을 원하는 날짜만큼 바꿔주면 된다. 허용범위는 0부터 최대 32768일까지다. 그리고 관리자 비밀번호와 백업파일의 위치는 각자의 상황에 맞게 입력해주면 된다. 이제 작성한 배치파일을 mysqldump 프로그램과 같은 폴더(C:\Program Files\MariaDB xx.xx\bin\)에 저장하도록 하자.

STEP.2 작업 스케줄러에 등록하기

윈도우의 검색 기능을 사용하여 '작업 스케줄러'를 찾아 실행하면 다음과 같은 화면을 볼 수 있는데, 여기서 우측의 '기본 작업 만들기'를 선택한 뒤 나타나는 대화상자에 각각 원하는 작업의 이름과 실행주기 등을 입력해주면 된다. 그리고 마지막 단계에서 앞서 만든 배치파일을 선택해주게 된다.

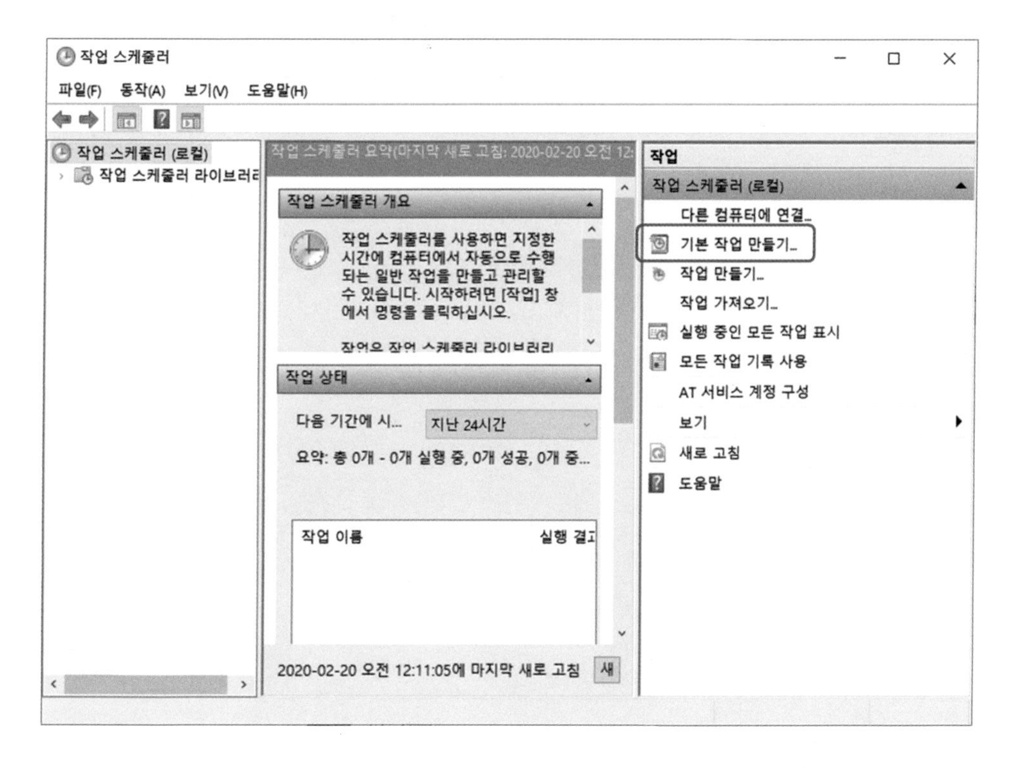

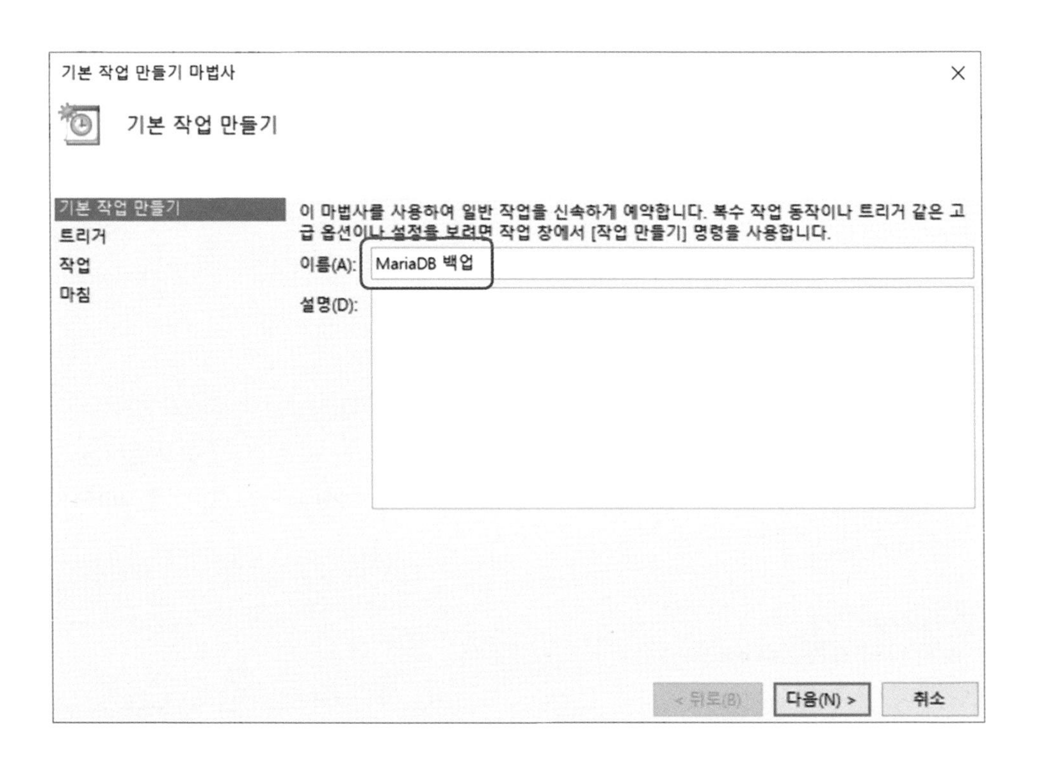
기본 작업 만들기 마법사
기본 작업 만들기
기본 작업 만들기
트리거
작업
마침
이 마법사를 사용하여 일반 작업을 신속하게 예약합니다. 복수 작업 동작이나 트리거 같은 고급 옵션이나 설정을 보려면 작업 창에서 [작업 만들기] 명령을 사용합니다.
이름(A): MariaDB 백업
설명(D):
< 뒤로(B)
다음(N) >
취소

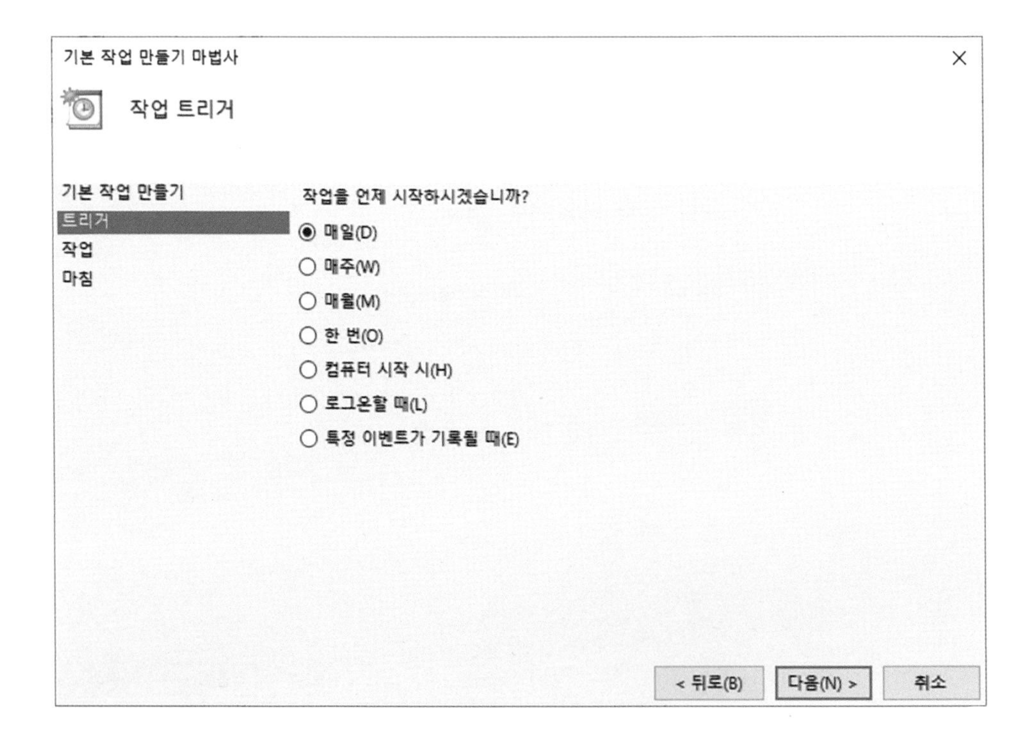
기본 작업 만들기 마법사
작업 트리거
기본 작업 만들기
트리거
작업
마침
작업을 언제 시작하시겠습니까?
매일(D)
매주(W)
매월(M)
한 번(O)
컴퓨터 시작 시(H)
로그온할 때(L)
특정 이벤트가 기록될 때(E)
< 뒤로(B)
다음(N) >
취소

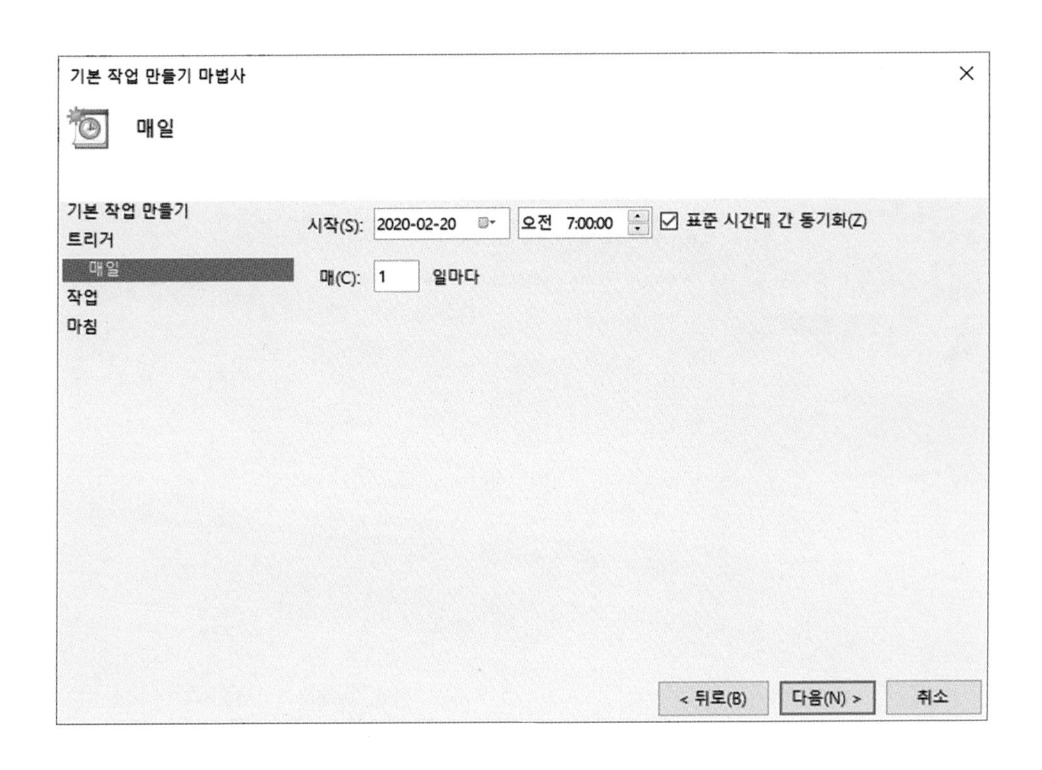
기본 작업 만들기 마법사
매일
기본 작업 만들기
트리거
매일
작업
마침
시작(S): 2020-02-20
오전 7:00:00
표준 시간대 간 동기화(Z)
매(C): 1 일마다
< 뒤로(B)
다음(N) >
취소

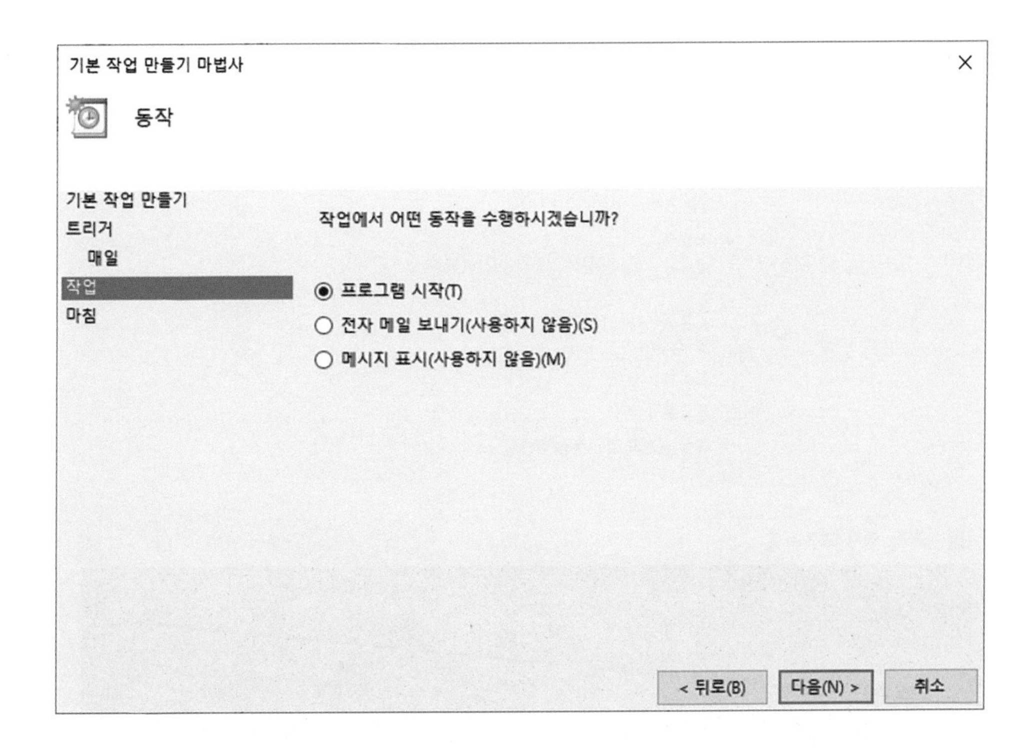
기본 작업 만들기 마법사
동작
기본 작업 만들기
트리거
매일
작업
마침
작업에서 어떤 동작을 수행하시겠습니까?
프로그램 시작(T)
전자 메일 보내기(사용하지 않음)(S)
메시지 표시(사용하지 않음)(M)
< 뒤로(B)
다음(N) >
취소

여기서 다음을 클릭하면 작업 스케줄의 등록이 마무리되고, 이제부터는 자신이 정해놓은 시간에 맞춰 자동으로 백업을 실행할 것이다.

10-7. DB 복원

백업된 파일을 복원하기 위해서는 다음과 같은 명령어를 사용한다.

```
MYSQL-u root -p [DB 이름] 〈 [백업파일의 위치 및 이름]
```

```
mysql -u root -p mydb < c:\mydb_backup.sql
```

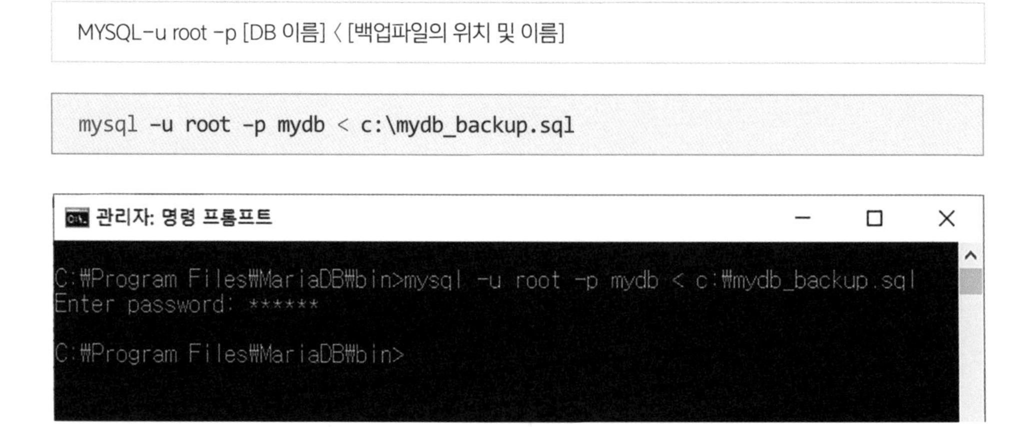

위 명령어를 사용할 때는 아래 두 가지를 기억해야 한다.

1. 'mysqldump' 대신 명령어 'mysql'을 사용한다.
2. '[백업파일의 위치 및 이름]' 앞에서 '>'의 방향을 '<'처럼 반대로 사용한다.

모든 DB를 되돌리고 싶다면 다음과 같이 백업할 때와 같은 옵션을 이용하여 복원하면 된다.

```
mysql -u root -p -A < c:\maria_backup.sql
```

11. SQL 자료형

MariaDB에서 허용하는 데이터의 유형은 매우 폭이 넓기 때문에 모든 것을 설명하기는 어렵고, 여기서는 가장 대표적으로 사용되는 유형만 소개하도록 하겠다.

11-1. 문자형 데이터

자료형	설명
CHAR(size)	고정된 길이의 문자열(문자, 숫자 및 특수문자를 포함할 수 있음): 크기(size)는 포함할 수 있는 문자의 최대 개수를 의미한다. 최대 255개 문자를 포함할 수 있다. (size) 값을 명시하지 않을 때 기본값은 1이다.
VARCHAR(size)	고정되지 않은 길이의 가변 문자열(문자, 숫자 및 특수문자 포함 가능): 크기(size)는 포함할 수 있는 문자의 최대 개수를 의미하며, 최대 65,535개의 문자를 포함할 수 있다.
TINYTEXT	최대 255개 문자까지의 저장한다. 단, 한국어처럼 UTF-8 문자열을 사용하는 경우에는 85개의 문자까지 저장할 수 있다.
TEXT(size)	최대크기 65,535개 문자까지 저장한다. 단, 한국어처럼 UTF-8 문자열을 사용하는 경우에는 21,845개의 문자까지 저장할 수 있다.
MEDIUMTEXT	최대크기 16,777,215개 문자까지 저장한다. 단, 한국어처럼 UTF-8 문자열을 사용하는 경우에는 5,592,405개의 문자까지 저장할 수 있다.
LONGTEXT	최대크기 4,294,967,295개 문자까지 저장한다. 단, 한국어처럼 UTF-8 문자열을 사용하는 경우에는 1,431,655,765개의 문자까지 저장할 수 있다.

11-2. 숫자형 데이터

자료형	설명
TINYINT	정수형 데이터: 부호를 가진 경우 -128부터 127까지의 값을, 부호가 없는 경우 0부터 255까지의 값을 가질 수 있다.

SMALLINT	정수형 데이터: 부호를 가진 경우 -32,768부터 32,767까지의 값을, 부호가 없는 경우 0부터 65,535까지의 값을 가질 수 있다.
MEDIUMINT	정수형 데이터: 부호를 가진 경우 -8,388,608부터 8,388,607까지의 값을, 부호가 없는 경우 0부터 16,777,215까지의 값을 가질 수 있다.
INT	정수형 데이터: 부호를 가진 경우 -2,147,486,348부터 2,147,483,647까지 값을, 부호가 없는 경우 0부터 4,294,967,295까지의 값을 가질 수 있다.
FLOAT(size, d)	실수형 데이터: 부동 소수점 데이터로 총 자릿수는 (size)를 통해 지정할 수 있고, 소수점 이하의 자릿수는 (d)를 통해 지정할 수 있다.
DOUBLE(size, d)	실수형 데이터: 일반적 크기의 부동 소수점 데이터로 총 자릿수는 (size)로, 소수점 이하의 자릿수는 (d)로 정의해준다.
DECIMAL(size, d)	실수형 데이터: 고정 소수점을 가지는 데이터로 총 자릿수는 (size)로, 소수점 이하의 자릿수는 (d)로 정의해준다. (size)가 가질 수 있는 최대값은 65이며, (d)가 가질 수 있는 최대값은 30이다.
BIT(size)	2진 데이터 자료형: 1비트부터 64비트까지 허용하며, 크기를 지정하지 않은 경우 기본값은 1비트 즉, 0과 1만 가질 수 있다. 따라서 부울린 자료형을 처리하는 데 효과적으로 사용할 수 있다.

11-3. 날짜와 시간 데이터

자료형	설명
DATE	'YYYY-MM-DD' 형식으로 날짜를 표현한다. 허용범위는 '1000-01-01'부터 '9999-12-31'까지다.
TIME	'hh:mm:ss' 형식으로 시간을 표현한다. 허용범위는 '-838:59:59'부터 '838:59:59'까지다.
YEAR	'XXXX' 형식으로 연도를 표현한다. 허용범위는 1901부터 2155년까지이며, 0000년을 허용한다. MySQL 8.0 이후부터는 두 자리 형식의 연도표기를 허용하지 않는다.

DATETIME	날짜와 시간의 조합: 'YYYY-MM-DD hh:mm:ss'의 형식을 가진다. 허용범위는 '1000-01-01 00:00:00'부터 '9999-12-31 23:59:59'까지다.
TIMESTAMP	타임스탬프: 'YYYY-MM-DD hh:mm:ss'의 형식을 가지며, 허용범위는 '1970-01-01 00:00:01' UTC부터 '2038-01-09 03:14:07' UTC까지다. 열을 정의할 때 'DEFAULT CURRENT_TIMESTAMP ON UPDATE CURRENT_TIMESTAMP' 명령어를 사용하면 자동으로 현재의 날짜와 시간으로 업데이트되도록 만들 수 있다.

11-4. 바이너리형 데이터

자료형	설명
BINARY(size)	바이너리형 데이터: CHAR( )과 유사하지만 바이너리 형태로 자료를 저장한다는 면에서 다르다. 크기 역시 문자의 개수가 아닌 저장하고자 하는 바이트 크기로 정의한다.
VARBINARY(size)	바이너리형 데이터: VARCHAR( )과 유사하지만 바이너리 형태로 자료를 저장한다는 면에서 다르다. 크기 역시 문자의 개수가 아닌 저장하고자 하는 바이트 크기로 정의한다.
TINYBLOB	바이너리형 데이터: 최대크기는 255바이트까지의 자료를 저장한다.
BLOB(size)	바이너리형 데이터: 최대크기는 65,535바이트까지의 자료를 저장한다.
MEDIUMBLOB	바이너리형 데이터: 최대크기는 16,777,215바이트까지의 자료를 저장한다. 즉, 16MB 크기의 자료를 저장할 수 있다.
LONGBLOB	바이너리형 데이터: 최대크기는 4,294,967,295바이트까지의 자료를 저장한다. 즉, 4GB 크기의 자료를 저장할 수 있다.

BLOB이란, Binary Large Object의 약자로 흔히 '블랍'이라고 부르며, 이미지, 사운드, 비디오 등과 같은 멀티미디어 데이터를 다룰 때 주로 사용한다.

11-5. 기타 자료형

자료형	설명
SET (자료1, 자료2, ...)	문자열 데이터의 집합: 입력 가능한 데이터는 리스트에 미리 정의되어 있어야 하며, 리스트는 0개에서 최대 64개의 자료를 가질 수 있다. 단, 0개의 자료 혹은 여러 개의 자료를 동시에 선택할 수 있다는 점에서 ENUM과 구별된다. **예** SET(TV 시청, 대화, 식사) ** 즉, TV를 시청하면서 식사와 대화를 동시에 선택할 수 있다.*
ENUM(자료1, 자료2, ...)	순차적 문자열 데이터의 집합: 입력 가능한 데이터는 리스트에 미리 정의되어 있어야 하며, 리스트는 1개에서 최대 65,535개의 자료를 가질 수 있다. 단, 0개의 자료 혹은 여러 개의 자료를 동시에 선택할 수 없으며, 한 번에 오직 하나의 자료만 선택 가능하다는 점에서 SET과 구별된다. **예** ENUM(아침식사, 점심식사, 저녁식사) ** 즉, 아침식사와 점심식사, 저녁식사를 동시에 할 수는 없다.*

소프트웨어 개발자를 위한

MariaDB 스타터

저 자 문기준

저작권자 문기준

1판 1쇄 발행 2020년 08월 28일

발 행 처 하움출판사
발 행 인 문현광
표지디자인 조다영
편 집 유별리
주 소 전라북도 군산시 축동안3길 20, 2층(수송동)
I S B N 979-11-6440-678-4

홈페이지 http://haum.kr/
이 메 일 haum1000@naver.com

좋은 책을 만들겠습니다.
하움출판사는 독자 여러분의 의견에 항상 귀 기울이고 있습니다.

이 도서의 국립중앙도서관 출판예정도서목록(CIP)은 서지정보유통지원시스템 홈페이지(http://seoji.nl.go.kr)와
국가자료종합목록 구축시스템(http://kolis-net.nl.go.kr)에서 이용하실 수 있습니다.(CIP제어번호 : CIP2020033972)